내 아이를 위한
인문학 교육법

부모가 물려줄 수 있는 가장 위대한 유산

내 아이를 위한 인문학 교육법

이지성 지음

차이
정원

차례

프롤로그   그들은 어떻게 성장했을까? __ 008

PART 1

내 아이, 나만의 철학으로 키워라
: 왜 인문학 교육인가

'가슴 뛰는 교육'은 가능할까? ·· 027
자기 주도적인 삶을 배우는 인문학 ································· 034
내 아이를 살리는 공부 ·· 040
부모와 교사를 살리는 공부 ··· 046
우리의 두뇌 회로를 만든 쓰레기 교육 ···························· 050
우리 교육을 살리는 7가지 제안 ······································ 058
나의 철학, 나의 역사를 만나는 인문학 ·························· 067
TIP   철학·문학·역사를 통한 가문의 문화 만들기 __ 072
인문학은 교육혁명이다 ··· 074
사랑과 섬김이 이끄는 교육 ··· 080
쓰레기 대신 꿈을 캐는 '가치관 교육' ······························ 084
인문학 교육은 실천이다 ··· 095

PART 2

부모의 수준이 아이의 미래를 결정한다

: 부모를 위한 인문학

나는 부모 자격이 있는가?	103
부모의 자존감 회복부터 | 독서·강연 |	109
TV를 끊고 책을 읽어라 | 시간 관리 |	116
영화도 인문학적으로 | 영화 |	121
TIP 영화 보며 역사 공부하기 _ 125	
즐겨라, 내가 타 없어지지 않게 | 문학·예술 |	128
TIP 아이와 함께 알아보는 음악가·미술가 _ 133	
중심을 잡는 법 | 신앙 |	135
경제 읽는 힘을 키워라 | 경제 |	142
TIP 경제 교육에 참고할 만한 책과 영화 _ 149	
TIP 아이와 함께 읽고 이야기하면 좋은 경제 동화 _ 153	
TIP 놀이로 배우는 경제 _ 155	

PART 3

스스로 책상에 앉는 아이로 이끄는 법
: 내 아이를 위한 인문학 교육법

시작하는 당신이 준비해야 할 것 ·········· 159
- 준비 ❶ 강압 없는 교육을 추구하라
- 준비 ❷ 협박 아닌 보상을 줘라
- 준비 ❸ 높은 기준이 있어야 한다

1   6·3·1 교육법 ·········· 171
- 아이들을 행복하게 하라
- 두뇌를 일깨워라

TIP   6.3.1 교육법을 실천하는 아이들을 위한 일과표 __ 186

2   인문고전 독서법 ·········· 188
- 인문고전을 읽는 5가지 단계
- 원문 읽기로 사색의 깊이를 더하라
- 『논어』부터 시작하는 인문고전 독서법

TIP   처음 시작하는 논어 __ 203

3   트리비움 공부법 ·········· 210
- 『논어』로 시작하는 트리비움 공부법

4   글쓰기 훈련법 ·········· 216
- 인문학 교육의 마지막 단계, 글쓰기

PART 4

읽고 생각하고 실천하라

: 내 아이를 위한 인문학 교육법 | 실천편 |

'나'에서 '너'와 '우리'로 | 봉사 · 나눔 | ················· 225
생각이 몸에 배게 하라 | 생각 · 사색 | ················· 230
관찰하고 나누라 | 대화 · 토론 | ························ 237
가장 위대한 인문학, 자연을 만나라 | 환경 · 생태 | ··· 242
나를 섬기는 법도 배워라 | 여행 | ······················· 247
미래의 부富를 추구하라 | 성공 | ························· 254

| 에필로그 | 우리 모두의 삶을 위하여 _ 259

프롤로그

그들은 어떻게 성장했을까?

1

1959년 서울에서 한 남자아이가 태어났다. 아이는 다섯 살에 부모님을 따라 미국으로 건너갔다. 아이는 머스카틴 고등학교에서 전교 회장을 했고 수석으로 졸업했다. 농구팀의 포인트가드로 뛸 만큼 두뇌와 활동력을 겸비한 수재였다. 이후 브라운 대학에서 인문학을 공부하고 하버드 대학에 진학해 의학박사, 인류학박사 학위를 받았으며 하버드 의대 교수를 지냈다.

아이의 아버지는 북한에서 태어나 한국전쟁 때 17세의 나이로 혼자 월남한 자였다. 서울대 치대를 졸업한 후 뉴욕으로 떠났고, 그곳에서 아이의 어머니를 만나 결혼했다. 아버지는 뉴욕에서 공부를 마친 후 아이오와에서 치과의사로 일했다. 생존을 위해서는 자신만의 기술이 있어야 한다는 실용주의적 관점이 뚜렷한 분이었다.

어머니는 '실용'과는 거리가 있었다. 아이에게 늘 퇴계와 마틴 루서 킹 목사의 예화를 들려주며 타인에 대한 존중과 배려를 먼저 가르쳤다. 그녀는 경기여고를 수석으로 졸업했고, 미국 아이오와 대학에서 퇴계 이황 연구로 철학박사 학위를 받았다. 자수성가형 아버지에게 '삶의 현실'을 배우고, 철학자 어머니에게 '사랑'을 체험한 아이. 그 아이는 어떻게 성장했을까?

결론에 앞서 부모의 교육 방식부터 들여다보자.
아이의 아버지는 '전략적이고 기술적'으로 아이를 양육했다. 예를 들어 숙제는 반드시 금요일에 하게 했고 일요일에 숙제하려 하면 아예 못 하게 했다. 공부는 제때 해야 함을 알려주기 위한 방법이었다. 철학과 정치학을 공부하려 했던 아이는 아버지의 단호한 말 한마디에 의사가 되기로 했다. "인마, 의사해!" 이 말 안에는 한국전쟁을 겪고 의사로 홀로서기까지 고군분투했던 아버지의 인생철학이 담겨 있었다. 동양인이 미국 사회에서 자신의 목소리를 내기 위해서는 누구도 무시하지 못할 자신만의 기술이 있어야 한다는 것이었다.

한편 아이의 어머니는 아이를 데리고 대도시를 자주 다녔다. 넓은 세상을 보여주기 위해서였다. 아이가 시사 문제에 관심을 두기 원했던 그녀는 특히 전쟁이나 기아 등 인류의 고통에 관한 뉴스를 함께 보면서 사안을 해석하는 법을 알려주었다. 아이는 훗날 이렇게 이야기한다. "미국의 아주 작은 마을에 살고 있었지만, 어머니 덕분에 세상에서 가장 큰 생각을 할 수 있었다."

어머니는 철학자답게 아이에게 인간과 세상에 대해 생각할 수 있는 질문을 자주 던졌다. "넌 누구냐?" "세상에 선한 것이 무엇이냐?" "세상에 무엇을 줄 수 있느냐?"는 질문이었다. '너는 어떤 사람이냐? 세상을 바꾸려고 노력하는 존재냐?'는 의미일 것이다. 어머니는 '나'에 대해 탐색한 다음, 세상에 대해 생각해보고, 그 세상을 위해 내가 무엇을 할 수 있는지 고민해보게 했다. 질문에 대한 답은 알려주지 않고 스스로 찾도록 했다. 어렸을 때부터 집안에서 퇴계 철학 교육이 이루어진 것이다.

퇴계 철학으로 사상적 기반을 닦은 아이는 의학을 공부하면서 인간과 문화에 눈을 떴고, 자연스럽게 인류학을 공부했다. '과연 인류의 핵심 현안은 무엇인가?' '이 세계를 위한 나의 책임은 무엇이고, 나는 무엇을 해야 하는가?'에 관한 답을 찾고자 했다. 아이는 훗날 인류학을 바탕으로 한 '인간과 문화에 대한 이해'가 다양한 계급과 인종이 공존하는 미국에서의 활동에 큰 힘이 되었다고 말했다.

의사로서 아이는 생과 사를 인문학적으로 보는 동시에, 죽어가는 사람에게 필요한 것은 철학이 아니라 '약'이라는 현실적인 관점을 가지고 있었다. 아프리카에 의료봉사 갔을 때는 먼저 현지인과 동화된 후 그들에게 필요한 약과 의술이 무엇인지 살폈다. 대개 의료봉사를 가면 2박 3일 만에 돌아오지만, 그는 한 달 혹은 두 달씩 그곳에 거하곤 했다. 자신의 손길이 필요한 가난하고 병든 사람들을 두고 떠날 수 없었다. 이것이 제대로 된 인문학 교육을 받은 의사와 받지 못한 의사의 차이였다. "의술은 부자들이 아니라 가난하고 병든 사람들을 위해 써야 한다." 그가 의사의 소명에 관해 정리한 관점이었다.

그는 어느 매체와의 인터뷰에서 이렇게 이야기하였다.

"아버지의 말은 내 인생에 큰 영향을 미쳤습니다. 나는 먼저 의사가 되었고 그 때문에 더욱 실제적인 입장을 갖게 되었습니다. 사람들이 부딪히는 실제 문제를 풀어나가야 한다는 생각을 하게 됐죠. 나는 여전히 철학과 정치학에 대한 열망을 잃지 않았습니다. 세상의 문제를 철학과 정치학의 시각으로 보려 했고, 그 때문에 의사가 된 뒤에는 인류학을 다시 공부했습니다."

이 아이의 이름은 김용이다.

그는 하버드 의대 친구였던 폴 파머와 함께 국제봉사조직을 설립해 의료구호 활동을 벌였고, 그 공로를 인정받아 세계보건기구 에이즈국 국장을 맡았다. 2005년에는 《US뉴스앤드월드리포트》가 선정한 '미국의 최고지도자 25명'에 뽑혔고, 2006년에는 《타임》이 선정한 '세계에서 가장 영향력 있는 100인'에 뽑혔다. 2009년에는 아시아계 최초로 미국 아이비리그 중 하나인 다트머스 대학의 총장이 되었고, 2012년에는 동양인 최초로 세계은행 총재가 되었다.

김용은 평소 대학생들에게 마틴 루서 킹, 넬슨 만델라 같은 월드 클래스 리더들의 책을 읽으라고 권한다. 이들의 생각하는 방식, 문제를 대하는 태도 등을 통해 진정한 리더십을 배울 수 있기 때문이다. 김용은 세계은행 총재에 취임하며 철학적이고 인문학적인 메시지를 남겼다.

"나는 무엇이 되느냐에 관심을 두지 않았습니다. 무엇을 해야 하느냐를 늘 생각했습니다."

2

1973년 서울에서 한 여자아이가 태어났다. 부모와 함께 미국에 이민 간 아이는 학창시절 아메리칸발레학교에 다니며 발레리나를 꿈꿨고, 줄리아드 예비학교에서 피아노를 배웠다. 영재학교인 헌터스쿨을 졸업한 후에는 예일 대학에 입학해 문학을 전공했고, 영국 옥스퍼드대 대학원에서 프랑스 문학박사 학위를 받았다. 아이는 결국 하버드 법대에 진학해 법을 전공했다. 초등학교 때부터 판사나 의사의 한길만을 보고 쭉 달려오는 우리 교육환경에서는 이해하기 어려운 이력이다.

언뜻 보면 돌고 돌아 먼 길을 간 것처럼 보이지만, 인문학적 관점에서 보면 그렇지 않다. 어렸을 때부터 책 읽기를 좋아했던 아이는 다양한 책을 읽으며 지식과 지혜를 쌓았고 그것을 삶의 현장에서 부딪혀가며 경험하고 성장해간 것이다. 아이는 발레를 하며 인간의 몸을, 음악을 하며 인간의 감정을, 문학을 하며 인간의 언어를 알아갔다. 아이는 사회에 실질적으로 이바지하고 싶었고, 최종적으로 법학을 선택했다. 그리하여 아이는 인간의 마음을 잘 아는 법조인, 인문학적 소양을 갖춘

법과대학 교수가 될 수 있었다.

이 아이의 성장 과정을 좀 더 들여다보자. 아이의 부모는 어떤 교육 방식을 택했을까?

사회적으로 성공한 사람들의 성공 요인을 분석해보면 책 읽기가 빠지지 않는다. 이 아이의 성공 역시 책 읽기에서 시작되었다. 초등학교에 들어간 아이는 내성적인 성향이었지만 독서에서만큼은 적극적이었다. 아이가 어렸을 때 가장 감동적으로 읽은 책은 『성냥팔이 소녀』였고, 아이가 시의 세계에 빠져든 것은 미국 시인 월리스 스티븐스가 쓴 「집은 조용하고 세상은 고요하네The House was Quiet and the World was calm」를 읽으면서였다. 아이는 도서관에서 소설책을 대출해 무아지경으로 읽었다. 심지어 가족들 몰래 밤새 책을 읽기 위해 침대 밑에 램프를 숨겨놓았고, 사고로 팔을 다쳐 누워 있을 때는 어머니에게 책장을 넘겨달라고 부탁할 정도였다.

어머니는 늘 아이를 도서관에 데리고 다녔다. 아이가 무슨 책을 읽든 자유롭게 내버려두고 자기도 책을 읽었다. 어머니도 책 읽기의 즐거움에 빠져들었던 것이다. 집으로 올 때는 양손 가득 대출한 책을 들고 왔는데 때로는 책을 더 읽고 싶어 한두 권을 몰래 숨겨오기도 했다. 일요일에는 온 가족이 서점 나들이를 했다. 오전에 교회에 갔다가 점심을 먹은 후에 서점에 들렀다. 각자 서가로 흩어져 좋아하는 책을 읽다가 저녁이 되면 집으로 돌아왔다. 아이는 독서일지를 썼다. 날마다 읽은 책의 제목과 내용을 적고 자기 생각을 덧붙였다. 자발적인 독서를 하면 누가 시키지 않아도 하고 싶은 말이 차올라 글로 표현하게 된다.

딸이 다재다능하기를 바랐던 어머니는 딸에게 발레와 피아노, 바이올린을 가르쳤다. 발레는 독서만큼 강렬하게 아이를 끌어당겼다. 발레학교에 다니며 발레리나의 꿈을 키우게 된 아이가 발레를 그만두고 방황하자 어머니는 피아노를 권했고, 줄리아드 예비학교에 들어간 아이는 유럽으로 두 달간 연주여행을 떠났다. 이때 미술이 그녀의 새로운 관심사로 떠올랐다. 연주여행에서 돌아온 아이는 고등학교 미술사 수업에 심취했다. 방과 후에는 메트로폴리탄 미술관, 구겐하임 미술관, 뉴욕 현대미술관을 찾아다니며 거장들이 남긴 작품을 감상했다. 미술에 대한 관심은 철학과 문학으로 이어져 플라톤, 아리스토텔레스, 호메로스와 소포클레스에 빠져들었다. 아이는 문학과 예술, 철학에 대한 관심과 독서력을 바탕으로 예일 대학에 조기 지원하여 합격했다. 예일 대학에서 체계적인 문학 공부를 시작한 아이는 소포클레스의 희곡 『오이디푸스 왕Oedipus Rex』을 읽을 때마다 "소름이 돋는다"고 말했다. 대학을 졸업한 아이는 영국 옥스퍼드대 대학원에서 프랑스 문학을 공부했다. 그러나 아이는 문학가의 길을 가기보다는 인간과 사회에 실질적인 영향을 주는 직업을 선택하고 싶었다. 아이는 하버드 법대의 문을 두드렸다. 법이 때로는 생사의 문제를 결정할 정도로 인간의 삶에 구체적인 영향을 미치기 때문이었다. 인간을 위해 일할 수 있는 자신의 길을 찾은 것이다.

이 아이의 이름은 석지영이다.

석지영은 아시아 여성 최초로 하버드 법대 종신교수가 되었다. 하버드대 교수가 된 것만 해도 대단한데 죽을 때까지 교수를 할 수 있다는 대단한 성취를 이루어낸 것이다.

석지영의 이야기는 인문학 교육의 모범을 보여주는 듯하다. 눈 감고, 귀 닫고, 입 막고 오로지 대학입시에만 매달리는 우리와 달리 석지영은 지칠 때까지 책을 읽고, 온 힘을 다해 춤을 추고, 문학과 예술에 심취하면서 학창시절을 보냈다. 공부보다는 발레와 피아노에 더 열정적이었던 만큼 석지영의 학업 성취도는 그리 높지 않았다. 그런데도 예일 대학에 들어가고 하버드 법대 종신 교수가 되었다. 성적보다는 창의성을 우선하는 미국 교육의 혜택도 물론 있었겠지만, 인문학 교육의 과정이 없었다면 힘들었을 것이다.

석지영의 사례에서처럼 인문학 교육은 인문고전이나 문학 등 책으로 접하는 것뿐 아니라 음악·미술·무용 등 인간이 활동하는 다방면에 걸쳐 있다. 인문학을 한다는 것은 인류 역사 이래로 인간이 이루어놓은 최고의 가치와 그 결과물을 배운다는 것이고, 그것이 내 삶의 행복과 기쁨이 되고 성공으로 가는 밑거름이 된다는 의미다.

3

이번에는 한 어머니의 일화이다. 바로 로즈 케네디이다. 로즈 케네디는 미국의 35대 대통령 존 F. 케네디의 어머니로 4남 5녀의 자녀를 훌륭히 키워 20세기의 위대한 여성 중 한 명으로 손꼽히는 사람이다. 그녀의 아이들은 모두 총명했으며 주로 정치 쪽에서 큰 성공을 거두었다. 케네디 가문을 정치 가문으로 만든 데에는 로즈의 특별한 교육법이 있었다. 우리가 학교나 가정에서 받았던 교육과는 전혀 다른 교육, 바로 인문학 교육이다.

로즈는 역사에 심취한 아버지 밑에서 자랐다. 그녀의 아버지는 책을 많이 읽어 박학다식하고 국내외 정세에도 관심이 깊은 사람이었다. 그는 자신이 자란 보스턴 시는 물론이고 미국, 아일랜드, 영국 역사와 세계사, 고대사, 현대사에 이르기까지 폭넓게 공부했다. 이는 로즈에게 이어졌고, 자연스럽게 케네디가 아이들에게 전해졌다.

로즈는 자녀들에게 사는 지역의 역사부터 알려주었다. 보스턴 역사를 공부한 후에는 미국의 역사를, 그다음에는 가문의 뿌리인 아일랜드 역사를 알려주었다. 그녀는 자녀들이 어릴 때부터 역사 체험학습을 시켰다. 보스턴 근처의 유적지와 박물관을 찾아다니고 가정에 돌아와서는 역사책을 읽어주었다. 역사 공부는 나아가 중국사, 세계사, 현대사까지 발전되었다. 나의 뿌리를 찾는 역사 공부였고, 역사의 문맥을 짚는 체계적인 공부였다. 말이 쉽지 보통 일이 아니었다. 생각해보라. 9명의 아이를 데리고 집 밖을 나선다는 것 자체가 피곤한 일이다. 그녀는 아이들 눈높이에 맞춰 설명해주었고, 자기 것으로 소화할 수 있도록 토론을 시켰다. 로즈는 자서전에서 "아이들을 데리고 미술관이나 박물관에 가면 주변에서 자신을 학교 선생님으로 알았다"고 술회하고 있다. 그녀는 극성스러운 엄마였다. 아이를 괴롭히는 극성이 아니라 아이를 믿고 더 많은 것을 보여주지 못해 안달하는 극성이었다. 그녀는 더 많이 보고, 더 많이 알고, 더 많이 경험해야 아이가 훌륭한 사람이 된다고 믿었다.

엄마의 노력 덕분에 아이들은 자랄수록 인문학에 관심을 가졌다. 역사를 알게 되니 역사의 현장에 들어가고 싶어졌을 것이다. 로즈의 자녀 중에는 정치에 종사한 사람이 많다. 존 F. 케네디는 대통령이 되었고, 로버트 케네디는 40세에 뉴욕주 연방상원의원에 당선되었다. 에드워드 케네디는 47년 동안 상원의원으로 일했고, 유니스는 지적장애인들을 위한 스페셜올림픽을 창시하였다. 진은 주 아일랜드 미국 대사를 역임하는 등 여러 방면에서 미국 현대사에 큰 족적을 남겼다.

특히 존 F. 케네디는 역사고전을 읽고 그에 관해 토론하는 것을 즐겼다. 어릴 때부터 정치에 관심을 가지고 역사의 주인공이 되기 위해 노력했던 것이다. 이 과정을 통해 생겨난 자신만의 역사적 관점이 인생의 지표가 되었고 훗날 대통령이 되는 초석이 될 수 있었다. 로즈는 자서전에서 이렇게 이야기했다.

"아이들의 역사에 대한 관심은 나이가 들수록 커졌고, 후일 공직에 몸담아 국가에 봉사하고자 했던 것은 이런 교육에서 비롯된 것이다. 특히 케네디는 역사 공부에 깊이 매료되었는데 이때 생긴 역사의식이 그의 인생 지표가 되었고, 그 때문에 대통령이 될 수 있었다고 생각한다."

로즈의 결혼 전 생활은 어떠했을까? 로즈 케네디는 대학에서 프랑스 문학과 독일 문학을 공부했다. 피아노를 좋아했고, 연극 단체에 들어가 뮤지컬 공연도 했다. 교회 주일학교에서 교사로 섬겼고, 가난한 사람들을 위한 바느질 봉사도 했다. 국민독서연구위원회에 최연소로 가입해 보스턴 지역 아동들을 위한 추천 도서목록을 만드는 봉사도 했다. 또 프랑스·독일문화교류연합회 회원으로 활약했고, 세계 현대사에 관심 있는 여성들을 대상으로 한 세계현대사연구회를 창설하기도 했다. 본인이 인문학적인 존재로서 왕성한 활동을 한 것이다.

로즈 케네디는 어느 날 갑자기 인문학이 좋아져서 인문학 교육을 시작한 것이 아니었다. 아버지로부터 물려받은 인문학적 소양과 그녀 스스로 키운 인문학에의 열정이 자연스럽게 자녀 양육에까지 이어진 것이다. 로즈는 인문학으로 자기를 성장시키고 이를 바탕으로 자녀들을 훌륭히 교육할 수 있었다.

인문학 교육을 할 때는 아이가 바깥세계와 직접 부딪히면서 '세상은 이런 곳이구나' '나는 이렇게 살아야겠다'는 것을 스스로 깨닫게 해야 한다. 이것이 주체성이다. 로즈는 아이들을 '미국의 흑인차별 정책을 바꾸고 세상을 바꾸는 것에 대해 지극한 열정과 관심을 가진 사람'으로 키우고 싶어 했다. 인생과 세상에 관해 호기심을 가진 아이, 인생은 즐겁다는 확신을 가진 아이, 세상을 바꿀 인문학적인 리더로 기르고자 했다.

로즈는 아이들에게 책을 많이 읽혔다. 로버트 케네디는 처음에는 책 읽기를 싫어했으나 엄마의 꾸준한 독서 교육으로 점차 책을 좋아하게 되었다고 한다. 존 F. 케네디는 어렸을 때부터 독서광이었다. 책을 읽은 후에는 함께 대화하고 토론하며 책을 통해 얻은 지식을 더욱 풍부하게 만드는 시간을 가졌다.

아이들이 어느 정도 자란 후에는 여행을 즐기게 했다. 눈으로 직접 보고 배우면서 지적 호기심을 키워나가고 세상을 바라보는 자신만의 독특한 관점을 갖길 원했다. 여행할 때는 부모가 따라가지 않고 혼자서 하도록 했다. 숲에서 길을 잃으면 죽을 수도 있는 위험한 여정이었지만 로즈 케네디는 아이들을 혼자 보냈다. 스스로 자신을 책임지면서 독립심을 키우는 과정이었다.

로즈는 자신이 한 것처럼 아이들에게도 봉사활동을 많이 시켰다. 아이들은 봉사활동을 하면서 다른 사람의 아픔에 공감하며 함께 사는 세상에 대한 가치를 깨닫게 되었다.

로즈의 남편인 조지프 패트릭 케네디는 부자였지만, 아이들을 재정적으로 엄격히 키웠다. 땀의 가치, 노동의 가치를 알려주기 위해 신문 배달을 시키기도 하였다. 진정한 인문학은 노동을 신성시하고 아름답게 여기는 것이다. 케네디가 아이들이 용돈을 더 받기 위해서는 부모에게 탄원서를 써야 했다. 부모를 설득해야 용돈을 올려 받을 수 있었다.

케네디 가문에게 가정은 학교보다 더 완벽한 학교였다. 이것은 흉내낸다고 한순간에 만들어지는 것이 아니다. 오랜 세월 가문의 문화로 자리 잡은 것이어야 한다. 만약 나의 가정에 이런 문화가 없다면 지금부터라도 만들어가야 한다.

　학교 시험에서 1등을 한다고 해서 어떻게 세상을 바꾸고 불멸의 존재가 될 수 있겠는가. 케네디 가문의 교육은 1등을 목표로 하는 교육이었지만, 단순히 국어·영어·수학의 1등을 추구한 것은 아니었다. 세상을 바꾸려면 자기 분야에서 1등이 되어야 한다. 아버지 조지프 패트릭 케네디는 1등을 하라고 아이들을 다그쳤지만, 못하더라도 최선을 다했다면 칭찬해주었다고 한다. 훗날 케네디 형제들은 이를 '아버지의 양면성'이라고 표현하기도 했다. 아이가 정말 최선을 다했는데도 결과가 좋지 않다면 안아주고 위로해주어야 한다. 그것이 제대로 된 교육이다.

4
그들에게는 특별한 교육법이 있었다. 우리에게는 생소하지만, 그들에게는 당연한 교육법, 바로 인문학 교육법이다.

- 인간과 세상에 관한 철학적 질문을 자주 던졌다.
- 도서관에 가면 자녀가 무슨 책을 읽든 내버려두고 책을 읽었다.
- 일요일에는 오후 내내 온 가족이 서점 나들이를 했다.

- 발레나 피아노 연주 같은 창의적인 활동에 몰두하게 두었다.
- 어릴 때부터 역사 체험학습과 혼자 떠나는 여행을 하게 했다.
- 지역의 역사에서 세계사, 현대사까지 폭넓은 역사 공부를 도왔다.
- 책을 읽은 후에는 함께 토론하고 대화해 자기 것이 되게 했다.
- 꾸준히 봉사활동하면서 아이에게도 봉사활동을 권했다.
- 부유한 집안 형편에도 용돈 관리를 엄격히 하게 했다.

인문학은 인간을 탐구하고 인간과 관련된 근원적인 것들을 연구하는 학문이다. 따라서 인문학 교육은 인간을 '탐구'하게 하고, 인간과 관련된 근원적인 것들을 '연구'하게 하는 교육이라 할 수 있다. 즉 인간을 위한 교육, 인간적인 교육, 인간을 인간답게 살게 하고 행복하게 만드는 교육인 것이다. 인문학 교육은 아이가 스스로 생각하고 느끼고 깨닫고 실천하게 한다. 이런 교육을 받았을 때 케네디, 김용, 석지영 같은 각 분야에서 탁월함을 드러내는 인물이 탄생하게 된다.

인문학 교육법은 어느 날 갑자기 등장한 교육법이 아니다. 오랜 세월에 걸쳐 훌륭한 인재를 키워낸 성공적인 교육법이다. 기원을 찾아가면 고대 그리스로부터 시작하고 우리나라 교육의 역사로 보면 조선 시대 인문학 교육에서 그 유사성을 찾을 수 있다. 우리의 경우 일제강점기를 거치는 동안 조선의 인문학 교육의 전통도 함께 없어졌지만, 다른 교육 선진국에서는 지금도 그 전통을 이어가고 있다. 인문고전을 주요 커리큘럼으로 삼고 있는 세계 명문 대학들과 인문고전 위주로 수업을 진행하는 유명 사립학교들이 많을 정도로 인문학 교육 체계가 잘 잡혀 있다.

인문학 교육을 받는 학생들은 '나는 누구인가?' '인간에게 중요한 가치는 무엇인가?' '어떤 삶을 살 것인가?'와 같은 철학적 질문을 하고 그에 대한 답을 찾으며 성장한다. 시험 문제 하나 더 맞는 것보다, 좋은 대학 가는 것보다, 돈 많이 버는 직업을 찾는 것보다, 먼저 '인간다운 삶이란 무엇인가?'를 고민하는 것이다. 자신의 10대를 문학적·철학적 고민으로 채우고 이 고민을 바탕으로 직업을 선택한다. 케네디는 '나라와 국민을 위해 일하고 싶다'는 생각으로 정치가가 되었고, 김용에겐 '나의 의술을 죽어가는 사람을 살리는 데 써야 한다'는 소명의식이 있었다. 문학을 전공한 석지영은 '인간과 사회에 실용적인 영향을 미치고 싶다'는 생각으로 다시 법대에 진학하였다. 이들은 치열한 인문학적 고민 끝에 자신의 길을 결정했기에 세계적으로 영향력을 미치는 존재가 될 수 있었다.

이처럼 인문학 교육은 한 사람의 인생에 큰 영향을 끼친다. 또한, 그 한 사람으로 인해 사회와 세상이 바뀐다. 단순히 먹고 살기 위해 직업을 선택한 사람과 인류와 사회를 위해 자신의 길을 선택한 사람 중 누가 더 성공적인 삶을 살 것인가? 당장 눈앞의 현실만 봐서는 좋은 대학에 가고 연봉 높은 직업을 얻는 것이 성공으로 보이겠지만 그렇지 않다. 인류와 사회를 위해 자신의 재능을 사용할 때 비로소 진정한 성공이 찾아온다.

당신의 아이를 어떤 길로 이끌 것인가. 지금부터 '인문학 교육법'의 세계를 들여다보자.

아이를 위한 교육이 무엇인가.
대학이 진짜 우리 아이 인생에 도움이 되는가.
대학 나와서 취직도 못 하고, 취직했다고 해도 안심할 수 없는 상황에서 어떻게 해야 할 것인가.
그렇다고 해서 대학을 보내지 말라는 것은 아니다. 좋은 대학을 보내면 좋다.
다만 세상의 조류에 흔들리지 않는 나만의 중심, 나만의 교육철학을 가지고
대학을 보내고 교육을 해야 한다는 의미다.
TV에서 보이는 것, 세상 사람들이 하는 이야기에 휘둘리지 않고,
그것을 판단하고 그 안에서 본질을 찾고
부모부터 나의 길을 가면서 아이도 자기 길을 걸어갈 수 있게 배려해주어야 한다는 것이다.

PART 1

내 아이, 나만의 철학으로 키워라
왜 인문학 교육인가

'가슴 뛰는 교육'은 가능할까?

'가슴 뛰는 교육이라…… 무슨 뚱딴지같은 소린가' 하는 분들이 많을 것이다. '교육이 그냥 교육이지 가슴 뛰는 교육이 따로 있단 말인가?' 하는 의문을 가지는 분들도 있을 것이다. 그도 그럴 것이 우리는 살아오면서 가슴 뛰는 교육을 접하지 못했다. '교육' 하면 가슴이 답답하고 아파져 오는 것이 우리의 현실이다.

"'우리나라 교육' 하면 어떤 이미지가 떠오르세요?"

나는 교육을 주제로 강연할 때마다 이런 질문을 자주 던지곤 한다. 그러면 처음에는 분위기가 싸해지면서 나를 향했던 눈망울들이 허공이나 바닥으로 마구마구 움직인다. 이런 상황을 포착하고 "그냥 생각나는 대로 편하게 이야기해보세요"라고 하면 여러 가지 의견들이 나온다.

"주입식이요."

"입시 위주요."

"과도한 경쟁이요."

대부분 부정적인 이미지들이다. 이런 반응을 접하면 자연스레 한 명의 선생님과 그 선생님과 마주하며 앉아 있는 20~30명 되는 아이들 모습이 떠오른다. 선생님은 목이 터지라 열심히 떠들고 있는데 아이들은 그 모습과 상관없이 시간을 보낸다. 책상에 엎드려 자는 아이, 공책에 낙서하는 아이, 친구와 장난치는 아이, 스마트폰으로 게임을 하는 아이, 교과서가 아닌 다른 책을 보는 아이 등등. 물론 선생님 이야기를 열심히 듣고 필기하는 아이도 있지만, 대부분의 아이 얼굴에는 지루한 표정이 역력하다.

그러다 수업 끝나는 종이 울리면 아이들은 물 만난 고기처럼 생기가 넘친다. 교실을 박차고 뛰어나가 운동장이니 매점으로 달려가고, 밀린 수다를 떨기 위해 친구를 찾아가는 등 수업에서 어떤 내용을 배웠는지와 상관없이 각자 하고 싶은 일들을 한다. 이런 모습은 그나마 쉬는 시간에 자율성을 주는 선생님 반의 이야기이고, 어떤 담임선생님은 쉬는 시간조차 아이들을 꼼짝 못 하게 하는 경우도 있다. 아이들을 교실 밖으로 내보내면 어떤 사고를 칠지 모른다는 생각에서이다. 심지어 화장실 갈 때조차 한 사람씩 다녀오라며 통제하는 선생님도 있다.

학교를 마친 아이들은 대부분 학원으로 향한다. 학원에 가지 않으면 친구를 만날 수 없을 정도로 학원은 모든 아이의 필수 코스가 되었다.

학원에서도 따분한 교육이 이어진다. 선생님은 이야기하고 아이들은 받아 적고 외우고, 그날 외워야 할 것을 외우지 못하면 수업이 끝나도 집에 갈 수 없다. 할 일을 다 마치고 집에 왔다 하더라도 편히 쉴 수 있는 것이 아니다. 숙제가 아이들을 기다리고 있기 때문이다. 엄마의 성화에 못 이겨 숙제를 다 하고 나면 12시, 새벽 1시. 그제야 아이들의 하루가 막을 내린다.

상황이 이렇다 보니 아침에 등교하는 아이들을 보면 피로에 절어 있다. '동태눈깔'이라고 표현해도 전혀 어색하지 않을 정도로 아이들의 눈빛엔 생기가 없고, 수업시간엔 꾸벅꾸벅 조는 아이들이 많다. 7년간 초등학교 교사로 있으면서 내가 만난 아이들의 모습은 이랬다.

이런 우리나라 교육의 모습은 초중고등학교를 지나 대학교까지 이어진다. 그래서 성인이 된 사람들 머릿속에 남은 교육의 이미지는 주입식, 강압적, 따분함, 지루함 등 부정적인 이미지뿐이다. '학교'와 '교육'을 떠올리면 우울해지는 것은 비단 나뿐이 아닐 것이다. 이러니 '가슴 뛰는 교육'이라는 말이 황당하게 다가올 수밖에 없다.

아이를 키우는 많은 학부모가 강남식 사교육에 열광한다. 서울 강남에 있지 않아도 강남식 사교육을 표방하는 학원들이 전국에 널려 있고, 방학 때면 지방에서 강남 대치동으로 학원 원정을 오는 아이들이 있을 정도다. 우리는 왜 강남식 사교육에 열광하는 것일까? 이유는 단순하다. 강남식 사교육이 우리 아이를 성공시킬 것이라는 믿음이 강하기 때문이다. 강남식 사교육을 잘 받으면 이른바 'SKY' 대학에 가고, 'SKY' 대학에 가면 좋은 직업을 갖는다는 것을 마치 진리처럼 받아들이고 있는 듯하다. 학부모들이 선호하는 의사, 판사, 대기업 사원 등은 전체 취직자의 5퍼센트밖에 안 되는데 말이다.

우리가 가진 교육의 개념은 그저 좋은 직업을 갖기 위한 것에 불과하다. 그래서 직업은 남고 사람은 사라지고, 교육은 없고 성적만 남는 현상이 벌어진다. 물론 좋은 직업을 가지려고 노력하는 것이 나쁜 것은 아니다. 하지만 '이 사람이 이 직업을 좋아하는가?' '이 직업을 통해 사회에 어떤 영향을 미치고자 하는가?'가 없다. 돈을 많이, 그것도 안정적으로 벌 수 있는 직업이 좋은 직업이 되는 것이다. 성적을 높이는 것이 교육의 최대 목표가 되다 보니, 점수에 따라 아이들을 줄 세우게 되고 친구와 끊임없이 경쟁하게 한다. 억지로 떠밀려서 공부하니 아이들의 자존감과 행복감은 바닥으로 곤두박질친다.

결국, 우리 아이들은 교육을 받으면 받을수록 불행해지는 저주의 수레바퀴에 갇힌 셈이다. 우리 아이들을 이 저주의 수레바퀴에서 빼낼 방법은 없을까? 아이들이 교육을 받을수록 행복해지게 할 수는 없을까? 아이들의 가슴을 뛰게 하는, 가슴이 설레어 잠을 못 이룰 정도로 재미있는 교육을 할 수 없을까? 이 질문은 내가 교사 생활을 하는 7년 동안 계속되었고 지금도 이어지고 있으며 앞으로도 계속될 것이다. 물론 이 질문들에 대한 대답은 "Yes!"이다. 우리나라 역사 속에도 좋은 교육이 있었으며, 지금 이 순간에도 우리가 생각하는 부정적 이미지의 교육과는 다른 교육을 실현하는 나라들이 있고, 우리 교육을 변화시킬 동력이 우리 안에 잠재되어 있기 때문이다.

그렇다면 가슴 뛰는 교육은 어떤 것일까? 먼저, 내가 언제 어떤 상황에서 가슴이 뛰는지 생각해보길 바란다. 우리는 보통 미래에 대한 기대와 희망이 있을 때 가슴이 뛴다. 내일 떠나는 소풍이 재미있을 거라는 기대가 있을 때, 저 남자 혹은 저 여자와 사랑에 빠질지도 모른다는 희망이 있을 때, 꿈을 이룰 수 있다는 희망이 있을 때, 가슴이 뛰고 어떤 일이든 계획하고 실천에 옮기게 된다.

또한 정직·신뢰·배려·나눔·사랑 같은 가치의 중요성을 가슴 깊이 느끼고 실천할 때도 가슴이 뛴다. 아니 가슴이 뛰는 정도가 아니라 불타오름을 느끼게 된다. 나는 초등학교 교사 시절 아이들이 좋아하는 만화 〈원피스〉 등에서 많은 영감을 받았다. 대부분의 부모님이 공부에 방해가 된다며 〈원피스〉 같은 만화에 빠진 아이들을 탐탁지 않게 생각하지만, 자세히 들여다보면 이 만화들은 아이들에게 위대한 가치를 가르쳐주고 있다.

〈원피스〉의 핵심 주제는 '친구는 소중하다'이다. 소중한 친구와 함께 모험을 떠나며 겪는 다양한 에피소드들이 아이들의 마음을 사로잡는다. '돈보다 소중한 것은 우정이다' '평생 가슴 뛰는 삶을 살자'와 같은 어른들이 가르쳐주지 못하는 가치에 관한 이야기를 만화가 하고 있으니 아이들은 감동한다. 아이들은 초등학교 고학년이 되면 부모보다 친구의 영향을 더 많이 받고 친구 때문에 울고불고하는 경우도 흔하다. 나는 교사 시절 친구 때문에 죽고 못 사는 아이들을 보면 이렇게 이야기해주었다.

"네가 학교에서 멋지게 살아야 네 친구도 그렇게 되지 않겠니? 친구를 위해서 공부하고, 친구를 위해 멋지게 살아라."

이렇게 이야기해주니 아이들이 달라졌다. 엄마·아빠를 위해 공부하라 하면 하기 싫지만, 친구를 위해 하라고 하니 '가슴이 뛴다'는 것이다. 이런 설렘을 경험한 아이들은 학교에서 휴지도 줍고 약한 아이들도 도와주고 우정을 위해 공부도 열심히 하고 생활도 잡힌다. 비슷한 경험을 여러 번 하면서 〈원피스〉 같은 만화들이 단순히 재미만 추구한 만화가 아님을 느꼈고, 아이들 역시 가치에 열광한다는 것을 알게 되었다.

생텍쥐페리가 이야기하였다.

"당신이 배를 만들고 싶다면, 사람들에게 목재를 가져오게 하고 일을 지시하고 일감을 나눠주는 일을 하지 말라. 대신 그들에게 저 넓고 끝없는 바다에 대한 동경심을 키워주어라."

배를 만드는 것보다 먼저 해야 할 일은 바다에 대한 꿈을 심어주는 것이다. 아이들도 마찬가지이다. 국어·영어·수학을 가르치기 이전에 인간적인 가치를 알려주어야 한다. 사람들은 대부분 어떤 직업을 가지고 돈을 얼마나 버는가 하는 생존적인 문제보다는 나를 위하고 다른 사람을 위하는 보편적인 진리에 열광한다.

영화 〈명량〉을 보았는가. 1000만 관객을 넘긴 이 영화를 보고 많은 사람이 감동했다고 이야기한다. 과연 사람들은 어떤 부분에서 감동한 것일까? 기가 막히게 훌륭한 이순신 장군의 전술일까, 아니면 나라와 백성을 위하는 충정일까? 아마도 후자일 것이다. 목숨을 바쳐 나라와 백성을 구하는 이순신 장군의 위대한 가치관에 감동한 것이다.

우리 아이들에게 이런 가슴 뛰는 가치를 심어주는 교육을 해야 한다. 학교에서 공부하면서 가슴이 설레고, 학교 가는 것이 즐겁고, 친구들과 함께 지내는 것이 행복한 그런 교육 말이다. 아이가 상기된 얼굴로 "학교가 너무 재미있어. 학교에서 친구들이랑 공부하는 게 너무 신나. 나 훌륭한 사람이 돼서 세상을 위해 좋은 일을 할 거야"라고 이야기하는 모습을 상상해보라. 상상만으로 설레지 않는가. 이제 우리는 이렇게 가슴 뛰는 교육을 해야 한다.

나는 이런 교육이 인문학 교육을 통해서 가능하다고 생각한다. 사람들이 열광하는 인류 보편적 가치를 자세히 들여다보면 모두 인문학적인 가치이다. 대화를 통해 사람들의 무지를 일깨워준 소크라테스, 이데아의 세계에 관해 이야기한 플라톤, 인간다움의 중요성을 강조한 공자, 백성에 대한 애끓는 사랑을 보여준 세종대왕 등 이런 위대한 인물들의 가치관을 아이들에게 알려주어야 한다. 엄마 때문에 억지로 책상에 앉는 아이와 세상을 구하겠다는 사명감에 불타서 책상에 앉는 아이는 다를 수밖에 없다. 둘 중 누가 리더가 되겠는가. 인문학 교육은 아이들 가슴에 불을 지르는 교육이다.

자기 주도적인 삶을 배우는 인문학

최근에 『부모 vs 학부모』라는 책을 감명 깊게 읽었다. SBS에서 다큐멘터리로 방영된 내용을 책으로 엮은 것인데, 서울대학교 경영학과에 입학한 아이들의 사례가 특히나 인상적이었다. 입학생 전체를 대상으로 한 것이 아니라 주로 초등학교, 중학교 때는 공부를 못했는데 고등학교 때 열심히 공부해 서울대에 들어간 아이들의 이야기였다. 공부와 담을 쌓고 게임에 미쳤던 아이들이 어떤 계기로 태도가 바뀌어 공부하게 되고 혁신적인 결과를 만들어 내었는지가 주요 내용이었다.

조사 대상 아이들과 그 부모에게는 공통점이 있었다. 먼저 부모들의 공통점은 아이들이 온종일 게임을 하고 있어도 묵묵히 지켜보며 기다렸다는 것이다. 보통의 엄마 같으면 야단칠 상황인데 사례에 나온 부모들은 그렇게 하지 않았다. 마음이 아팠지만, 아이를 믿었다고 한다. 부모가 아이를 믿고 기다려주니 아이들은 부모에게 미안한 마음에 공부를 시작하였다. 물론 그동안 공부하지 않아서 처음에는 힘들었지만 스스로 공부를 하니 빠른 속도로 성적이 올랐다.

이 아이들의 공통점은 자기 주도적 학습 능력이 있었다는 것이다. 누가 시켜서 억지로 하는 공부가 아니라 스스로 원해서 한 공부였기 때문이다. 인문학 교육을 바탕으로 한 자기주도학습이 아닌 것은 안타깝지만, 스스로 생각하고 자신의 판단에 따라 행동했다는 것이 인문학의 본질이다. 아이들은 본능적으로 스스로 하는 공부의 힘을 알게 되었고 이를 바탕으로 놀랄만한 반전을 일으켰다. 소수의 아이들 사례이긴 하지만, 이 책을 보면서 아이 스스로 깨닫게 하는 교육이 정답이라는 생각을 하게 되었다.

인문학 교육은 겉으로 봤을 때는 인문고전을 읽게 하는 것, 국어·영어·수학이 아니라 철학·역사·문학을 가르치는 것으로 생각할 수 있다. 하지만 그 본질은 아이들의 가슴을 뛰게 할 '가치'를 가르치는 것, 그 가치를 스스로 찾고 추구할 힘을 키우는 것이다. 인문학 교육은 쉽게 이야기해 아이를 면밀히 관찰하고 아이에게 의사나 판사라는 직업이 맞는지 맞지 않는지를 파악한 뒤에 맞지 않으면 시키지 않는 것이다. 인간 사회에 법이 왜 필요한지, 우리 사회에 정의감에 불타는 진정한 법관이 있는지, 정의롭고 자비로운 사람이 법을 집행함으로써 사회를 얼마나 깨끗하고 아름답게 만들 수 있는지 등을 스스로 깨닫게 한다. 의사도 마찬가지다. 한마디로 '돈'이나 '명예'가 아닌 '가슴 뛰는 가치'를 위해서 직업을 선택하게 한다.

　강남식 사교육은 아이에게 "의사가 되라" "판사가 되라"고 하지만 왜 그래야 하는지는 가르쳐주지 않는다. 왜냐하면 부모나 교사가 한 번도 깊이 생각해본 적이 없기 때문이다. 아이들이 초등학교 저학년 때는 의사나 판사가 되라고 하면 그러겠다고 대답하는 경우가 많다. 초등학교 1, 2학년 때는 "엄마·아빠 말씀 잘 듣고 공부 잘해서 훌륭한 사람 될게요"라는 말도 하지만 3, 4학년이 되면 달라지기 시작한다. 그리고 5, 6학년쯤 되면 엄마·아빠로부터 벗어나고 싶어 한다. 부모의 기대가 부담스럽고 공부를 못하는 자신이 부끄럽기 때문이다. 우리나라처럼 상대적으로 성적을 매기는 교육 시스템에서는 대부분의 아이가 '나는 공부를 못한다'고 느끼기 쉽다. 상위권에 드는 아이들을 공부 잘하는 아이라 생각한다면 나머지 중하위권의 아이들은 공부 못하는 아이가 되는 것이다.

　어릴 때부터 주입식으로 자신의 미래에 대해 교육받은 아이들은 사춘기가 되면 무척 힘들어한다. 엄마·아빠는 내가 의사가 되기를 바라고 이렇게 잘해주는데 나는 공부를 못한다는 열등감과 좌절감을 느끼기 때문이다. 실제로 우리나라 10대들의 심리 상태를 조사한 결과를 보면 평소에 가장 많이 느끼는 감정이 열등감과 좌절감이다.

　10대 때 느끼는 감정이 자신감이나 자부감이 아닌 열등감과 좌절감이라는 것은 안타까운 현실이 아닐 수 없다. 그렇다면 공부 잘하는 아이들은 열등감이나 좌절감을 느끼지 않을까? 충격적인 사실은 공부를 잘하는 아이일수록 열등감과 좌절감이 더 크다는 것이다. 성적 때문에 자살하는 아이들 대부분이 공부 잘하는 아이라는 사실이 이를 뒷받침해준다.

어렸을 때부터 엄마·아빠 말 잘 듣고 시키는 대로 공부 잘하며 자란 아이 중에는 사춘기가 되어 '이게 아니다'라는 생각을 하게 되는 경우가 많다. 의사나 판사가 내 길이 아닌 것 같고, 좋아하지도 않고, 그런데 돼야만 하고, 그 길 이외에 다른 길은 생각해본 적도 없다. 그래서 죽어라 공부는 하지만 영혼은 병들기 시작한다. 또 인터넷을 통해 의사들이 자살하는 얘기, 판사를 그만두면 변호사로는 먹고살기 힘들다는 소식을 접하면 혼란스럽고 막막하다. 그러다 성적이 떨어지면 엄청난 죄책감에 시달리고 때로는 자살이라는, 해선 안 될 선택을 하게 되는 것이다.

물론 입시 위주의 교육을 좋아하고 잘 따라가는 아이들도 있다. 그런데 우리가 '어떤 삶을 살 것인가' 하는 본질적인 면을 봤을 때는 이런 아이들 역시 힘들기는 마찬가지다. 스스로 정한 목표를 갖고 공부한 것이 아니기 때문이다. 설령 의사나 판사가 되었다고 해도 어느 순간 공허함을 느끼게 될 것이다. '왜 내가 이러고 살고 있을까?' '이렇게 사는 것이 맞는 것일까?'라는 고민을 중년이 넘어서야 하게 될 수도 있다.

실제로 이런 생각을 하는 사람들을 우리 주변에서 쉽게 만날 수 있다. 서울대 의대를 나와 강남에서 큰 병원을 하는 지인을 만난 적이 있다. 이런저런 이야기를 나누다 보니 그가 심각한 얼굴이 되어 한숨을 푹 쉬며 말하는 것이었다.

"내가 왜 사는지 모르겠다."

남들이 부러워하는 성공을 거둔 친구의 말에 깜짝 놀라며 말했다.

"무슨 소리야. 너 돈 많이 벌잖아."

그 친구는 내 말에 코웃음을 쳤다.

"돈 많이 벌지. 나는 돈 버는 기계야. 아내 얼굴, 애들 얼굴도 잘 못 봐. 내 인생을 살고 싶은데 어떻게 살아야 할지 모르겠어."

그의 이야기를 들으며 그가 왜 나이 마흔에 이런 고민을 하고 있는지 생각해보았다. 결론은 스스로 생각하고 판단해서 만들어온 자신의 삶이 아니기 때문이었다. 마치 노예처럼 시키는 대로 의사가 되기 위해 정신없이 달려오다가 막상 의사가 되어 목표를 이루고 나니 '나는 뭔가?' 생각하게 된 것이다.

이 친구 말고도 강남에서 사교육 잘 받아 좋은 대학 가고 좋은 직업을 가진 사람들을 많이 만나보았다. 그들이 들려준 자신의 상태를 세 가지로 요약할 수 있다. 첫째 나는 아무 생각이 없다. 둘째 나는 돈 버는 기계다. 나는 단 한 번도 내가 살고 싶은 대로 살지 못했다. 셋째 그냥 이렇게 살다가 죽을 것 같다. 그들은 일 속에서만 자신의 존재 이유를 찾고 있었다. 그래서 더 열심히 일하면서 일 중독에 빠지고 진정한 행복을 느끼지 못하는 삶을 살고 있었다.

사람은 어떤 경우에 행복을 느끼는가? 바로 자기 주도적인 삶을 살 때이다. 아무리 작은 일이라도 스스로 선택하면 행복을 느끼며 하게 된다. 행복한 마음으로 하는 일은 어떤 어려움이 닥쳐도 능히 극복할 수 있다. 고난을 통해 더욱 성장하는 자신을 발견하기 때문에 고난을 미래의 발판으로 삼는 지혜를 갖게 된다. 아픈 사람을 치료해주는 것이 너무 좋아 의사가 된 사람들은 서울 큰 병원에서 의사를 하든 시골 보건소에서 의사를 하든 저 아프리카 극빈 지역에서 의료봉사를 하든 크게 개의치 않는다. 아픈 사람을 치료하고 돌보는 그 자체가 행복이기 때문이다.

우리 아이들을 어떤 어른으로 자라게 할 것인가? 지금처럼 성적으로 줄을 세우고 대학과 직업을 목표로 아이들을 몰아붙이는 교육은 당장은 아이를 행복하게 해줄 것처럼 보이지만, 아이의 인생 전체를 놓고 봤을 때는 불행으로 이끌 수밖에 없다. 좋은 대학을 목표로 삼기 이전에 나는 누구인지, 어떤 삶을 살아야 하는지, 내 인생의 방향은 어디로 잡을 것인지 충분히 생각하게 하는 교육을 해야 한다. 그래야 아이들 스스로 자기 인생의 주인이 되어 행복하게 살 수 있다.

내 아이를 살리는 공부

인문학人文學에서 '인'은 사람 인人이다. 사람에 대해 공부하고, 사람이 사람답게 살아가는 길을 찾는 것이 인문학이다. 따라서 인문학 교육은 사람 중심의 교육, 사람을 살리는 교육이다. 그런데 이 '사람'에는 아이만 들어가 있는 것이 아니다. 부모도 들어가 있고 선생님도 들어가 있다. 많은 분이 아이를 잘 키우기 위해 이 책을 읽고 있겠지만, 부모가 잘 살지 않고 교사가 잘 살지 않으면 아이 역시 잘 살 수 없다. 부모, 아이, 교사 모두가 함께 성장해서 앞으로 나아갈 때 아이 교육도 잘 이루어지게 된다. 그 과정에서 그냥 뒤따라오는 것이 성적이고 돈이고 좋은 직업이어야 한다.

우리는 아이를 어떻게 대하고 있는가? 사람으로 대하고 사람 취급하고 있는가? 혹시 아이를 공부하는 기계로 취급하고 있지는 않은가? 당연히 사람을 사람으로 대하지 무엇으로 대하느냐고 반문하겠지만 진지하게 생각해보아야 한다. 나는 아이가 어떻게 할 때 기뻐하는가? 아이가 좋은 성적을 받으면 기뻐하며 칭찬하고, 성적이 떨어지면 실망해서 야단을 친다면 이것은 아이를 사람으로 대하는 것이 아니다. 기계가 잘 돌아가면 기뻐하고, 기계가 삐거덕거리며 잘 돌지 않으면 성질을 내는 것과 마찬가지 상황이다.

중학교 때 일이 생각난다. 나는 소위 명문 중학교에 다녔는데 모의고사 성적이 떨어지면 1점당 5대씩 맞았다. 시험결과 발표가 나는 날이면 아이들이 복도에 일렬로 쭉 줄을 서고 선생님은 몽둥이를 들고 근엄한 표정으로 책상 앞에 앉아 있었다. 선생님 옆에 작은 냉장고가 있었는데 그 안에는 원비디, 박카스가 일렬로 세워져 있었다. 선생님은 만반의 준비를 다 갖추고 출석 번호를 불렀다. 죄수를 부르듯이 이름이 아니라 번호를 불렀다.

"1번 들어와. 2점 떨어졌네. 10대. 붙어."

1번 친구가 벽에 붙으면 몽둥이세례가 시작됐다. 매 맞는 아이도 밖에서 그 소리를 듣는 아이들도 두려움에 떨었던 기억이 있다. 지금이야 이런 문화가 사라졌지만, 아이들을 공부 기계 취급하는 면에서는 달라진 것이 없다. 오히려 온갖 미사여구와 교묘한 장치로 아이들을 더 꼼짝 못 하게 하는 현실인 것 같다. 현재 우리 아이들은 하루 24시간 부모와 교사의 감시 속에서 살면서 잠시 잠깐 한눈을 파는 것도 허락받지 못하고 있다.

　우리가 중학교 때는 선생님께 두들겨 맞아도 친구들과 놀면서 풀고 선생님 욕을 하면서 공감대를 형성했지만 요즘 아이들은 그렇지 못하다. 친구와 경쟁 관계에 있기 때문에 편하게 자기 고민을 이야기하며 놀기 힘들다. 강남 아이들이 가장 괴로워하는 것 중 하나가 친구와 좋은 관계를 맺지 못하는 것이다. 10대 시절에는 친구 관계가 최고인데 많은 엄마가 "친구와 놀 시간에 공부해라" "저 아이는 너와 경쟁자야" "그 친구랑 놀면 다른 아이가 좋은 점수 받아"라며 아이들의 인간관계를 원천적으로 차단한다.

　또 성적이 떨어지면 때리지는 않더라도, 핸드폰을 빼앗고 초상이나 난 것처럼 집안 전체가 우울함에 빠진다. 이럴 때 아이들은 어떤 감정을 느끼게 될까? 이런 상황에서 나는 사랑받고 있다는 느낌을 받을 수 있을까? 아니다. '나를 기계로 대하는구나' '나를 공부하는 노예로 대하는구나' 생각하게 된다. 이런 감정이 깊어지면 자살 충동을 느끼게 된다. 실제로 우리나라 청소년의 상당수가 자살 충동에 시달린다는 조사 결과도 있었다. 엄마·아빠가 공부 말고는 나에 대해 아무런 관심이 없는데 더는 살아야 할 이유가 없다고 느끼는 것이다.

　이렇게 자란 아이들은 성인이 되어서도 열등감에 시달리다가 범죄를 저지르는 경우가 많다. 최근 언론 보도를 보면 우리나라에서 성범죄를 가장 많이 저지른 사람들은 성공한 사람들이다. 판검사, 교수 등 공부 잘해서 좋은 대학 가서 돈 잘 버는 직업 갖고 사회적으로 성공한 사람들이 결국은 내면의 허전함을 이기지 못해 성범죄를 저지르는 것이다. 어려서부터 사람 취급받지 못하고 오로지 성공을 위한 도구로만 취급되었기 때문에 자신을 괴롭히다 못해 타인을 폭행하고 사회도 망하게 하면서 쾌감을 느끼는 것인지 모른다. 어쩌면 그들이 세상을 향해 복수하는 것인지도 모른다.

그렇다면 우리는 왜 아이들을 사람 취급하지 않게 되었을까? 그것은 우리가 부모님께 사람 취급을 받지 못했기 때문이다. 우리가 어렸을 때 길거리에서 막노동하는 사람을 보면 부모님이 뭐라고 했는가? 많은 분이 "너 공부 못하면 저렇게 돼"라는 말을 듣지 않았을까 싶다. 굉장히 가슴 아픈 이야기이다. 부모가 자신을 사람 취급하지 않고 자기가 가진 재산과 직업으로 판단하니까 다른 사람도 그 기준으로 판단하는 것이다.

우리 부모님 세대는 먹고사는 것이 최대 명제였다. 생존이 걸려 있는 만큼 사람보다는 돈을 우선시하는 삶을 살았다. 이것을 그대로 물려받은 것이 지금의 30, 40대이다. 그래서 지금까지는 부모님 세대의 논리가 어느 정도 통했는데 이제 그렇지 않다. 요새 아이들은 어려서부터 풍족하게 자란다. 태어나자마자 자동차를 타고 배불리 먹고 좋은 시설에서 공부한다. 물론 아직도 경제적으로 힘들게 사는 이웃들이 있지만, 사회 전체적으로 봤을 때는 예전보다 풍족해진 것이 사실이다.

이런 상황에서 예전의 생존 시스템이 먹히지 않는 것은 당연한 일이다. '잘 먹고 잘살기 위해 열심히 공부해서 좋은 대학에 가야 한다'라는 논리는 우리 부모와 우리 세대에서는 통했지만, 우리 아이들이 살아갈 미래에는 맞지 않는다. 이런 변화는 우리 사회에서 이미 감지되고 있다. 예전에는 수단과 방법을 가리지 않고 돈을 벌기 위해 혈안이 되었던 기업들이 지금은 윤리경영을 내세우며 봉사와 기부를 하고 있다(진정성 여부는 알 수 없지만). 기업의 경영도 사람 중심으로 바뀌고 있는 것이다. 대통령이나 국회의원들도 예전처럼 국민을 함부로 대할 수 없는 사회가 되었다. 비리를 저지르고 말 한마디 잘못하면 혼쭐이 나는 시대이다. 이 시대에 우리 아이들에게 맞는 교육은 '사람 중심'이어야 한다. 아이가 사람으로서 존중받고 공부하면서 인간적인 기쁨을 느낄 수 있는 교육을 해야 한다.

그래서 인문학 교육이 절실하다. 아이들에게 소크라테스, 플라톤을 가르치는 것이 어렵고 거창하게 느껴질 수 있지만, 그 기반은 '사람'이다. 인문학 교육은 결국 사람 교육이고 사람을 사람답게 만드는 교육이다. 이 관점만 잘 잡고 있으면 어렵지 않게 인문학 교육을 할 수 있다.

인문학 교육의 중요성에 대해 동의한다고 하더라도 당장 입시 위주의 교육을 접고 인문학 교육을 시작하겠다는 학부모들은 많지 않다. '사람 중심 교육도 좋지만, 인문학 공부만 하다가 성적이 떨어져 직업도 못 갖고 비참하게 살면 그게 사람답게 사는 것이냐' '최소한 먹고살 길은 마련해야 하지 않느냐'며 불안해하는 분들도 많다. 우리나라와 같은 무한경쟁 사회에서 이런 불안은 어쩌면 당연하다.

하지만 사람 중심 교육을 했을 때 아이들은 스스로 공부한다. 공부는 특출나게 잘하지 못할지라도 스스로 자기 길을 찾게 된다. 우리나라에서도 다큐멘터리를 통해 여러 번 방영된 핀란드의 사례를 보면 확신을 가질 수 있다. 알려진 대로 핀란드 교육은 지극히 사람 중심이다. 학교에 가면 선생님은 항상 아이들과 대화하고 시험을 따로 보지 않는다. 아이들을 성적으로 평가하거나 등수를 매기지도 않는다. 학교 가면 아이들은 대화하고 놀러 다니고 예술작품 감상하고 우리가 보기에는 공부도 별로 하지 않는다.

독일도 그렇다. 박성숙의 『독일 교육 이야기』에 따르면 우리는 학교 가기 전에 한글 다 떼고 구구단 다 외우고 들어가지만, 독일은 학교에서 구구단만 1년 동안 배운다고 한다. 왜 그럴까? 그냥 외우는 교육은 사람을 위한 교육이 아니고 성적을 위한 교육이기 때문이다. 이것이 선진국의 교육 방식이다. 그렇다고 학업 성취도가 뒤떨어지지 않는다. 오히려 핀란드와 독일이 우리보다 학업 성취도가 더 높고 물질적으로도 더 풍요하다. 이 사례가 정답이라고 할 수는 없겠지만, 사람 중심 교육으로 돌아선 나라들의 학업 성취도가 높고 경제 수준도 높다는 것은 이미 증명된 사실이고, 우리에게 시사하는 바가 크다.

부모와 교사를 살리는 공부

성적·입시 위주의 교육은 아이들에게 열등감과 좌절감을 느끼게 하지만, 부모와 교사에게는 죄책감을 느끼게 한다. 교사의 경우 아이를 열심히 가르쳐도 성적이 오르지 않으면 죄책감을 느낀다. '내 교육 방법이 틀렸나?' '내가 능력이 부족한 것이 아닐까?'라는 생각을 하게 되는 것이다. 특히나 부모는 아이 성적에 집중하면 할수록 평생 죄책감에 시달리게 된다. '내가 우리 애한테 더 비싼 교육을 했다면 더 좋은 대학에 갔을 텐데' '유치원 때부터 사교육을 했다면 우리 애가 의사가 됐을 텐데'라는 후회를 하게 되는 것이다. 이런 죄책감은 열등감으로 이어진다. '저 부모는 아이를 잘 키우는데 나는 왜 못 키울까' 하는 열등감 말이다.

우리나라 교육의 모습을 보면 이런 부모들의 심리상태가 그대로 반영되어 있는 것 같다. 무한경쟁 사회에서 우리 아이가 뒤처지지 않을까 하는 불안함, 부모가 못나서 아이가 잘못되는 건 아닐까 하는 열등감과 죄책감이 어우러져 비정상적인 교육 지옥 속으로 우리 아이들을 몰아넣고 있다.

많은 부모가 아이를 위한다는 핑계로 자신의 공허감을 채우려 한다. 아이를 자기 뜻대로 키우려 애를 쓰지만, 아이는 부모의 노력만큼 따라주지 않는다. 부모는 부모대로 아이는 아이대로 고생하지만, 누구도 만족할 만한 성과를 얻지 못한다. 그도 그럴 것이 교육의 목적과 방향이 잘못되어 있기 때문이다. 또한, 부모부터 자신의 인생을 어떻게 살아야 할지 갈팡질팡하는 경우도 많다. 부모 자신이 평생 자기에 대해 고민해 본 적도 없고 깨달아본 적도 없이 초중고등학교를 거쳐 대학교에 가고 결혼해 아이를 낳았으니, 이제야 부랴부랴 책을 읽고 어떻게 살아갈지 생각하는 상황인 것이다.

지금이나마 아이 때문에 독서를 시작하고 인생을 어떻게 살지 생각하게 되는 것은 잘된 일이지만, 인문학적 준비가 없기 때문에 시류에 휩쓸려 흘러가기 쉽다. '내 아이만은 잘 키워야 한다'는 생각이 아이를 인간적으로 배려하고 아이를 위하는 교육을 하게 하는 것이 아니라, 아이에게 과도한 기대와 집착을 하게 만든다. "내가 못했으니까 너는 해야 해" "절대로 성적 떨어지면 안 돼"라고 강요하는 것은 아이를 사랑하는 것이 아니다. 우리나라 부모들은 생물학적인 부모에 머물러 있을 뿐 진정한 사랑으로 아이를 양육하는 부모는 많지 않은 것 같다.

이런 생각에 반론을 제기하는 분들에게 물어보고 싶다.

"당신의 아이가 모의고사 1등인데 어느 날 갑자기 대학에 안 가겠다고 선언하면 어떻게 할 것입니까?"

아이의 의견을 기쁘게 받아들이고 인정해줄 수 있겠는가? 왜 그런 생각을 하게 되었는지 흥분하지 않고 물어볼 수 있겠는가? 아마 그렇게 하지 않을 것이다. 대부분의 엄마가 머리 싸매고 눕거나 병원 응급실에 실려 가지 않을까 싶다. 만약 당신도 이와 같다면 자녀를 진정 사랑한 것이 아니다. 자기 욕심을 충족하는 수단으로 바라보았을 뿐이다.

인간에 대한 배려가 없는 현재의 교육이 계속된다면 아이는 물론 부모와 교사도 병들 수밖에 없다. 아이에게 부모의 모습이 어떻게 비춰지고 있는지 생각해보라. 엄마들은 늘 힘들어하고 짜증 내며 일상생활에 녹슬어 없어지는 모습을 자녀에게 보이고, 아빠들은 일의 노예가 되어 자신을 잃어버리고 자녀의 눈 한번 제대로 못 맞추는 삶을 산다. 이런 엄마·아빠가 "너는 공부 열심히 해서 행복하게 살아야 해"라고 하면 그 말이 먹히겠는가.

그래서 부모부터 사람답게 살아가는 모습을 자녀에게 보여주어야 한다. 엄마·아빠가 바쁜 와중에도 예술을 접하려고 노력하고 꾸준히 책 읽는 모습을 보이는 것이다. 그러면 아이들은 사회가 아무리 각박하게 돌아가도 내 인생을 잘 지켜가며 살아야 한다는 것을 저절로 알게 된다. 부모의 삶의 방식이 자녀에게 그대로 유전되는 것이다. 교육은 자녀에게 교과서를 가르치고 문제집을 풀게 하는 것이 아니다. 내가 보여주는 삶의 태도, 말하는 방식, 살아가는 하루하루의 모습이 '교육'이다.

인문학 교육은 사람이 사람답게 살아가는 방법을 알려주는 교육이다. 인문고전 속에는 인류의 역사가 담겨 있고 유구한 역사를 통해 터득한 삶의 지혜가 숨어 있다. 그리고 인문고전 저자들이 어떤 사색의 과정을 거쳐 지혜를 터득했는지도 그대로 녹아 있다. 인문학을 접하는 것은 아이뿐 아니라 부모와 교사의 삶에서도 획기적인 일이다. 부모와 교사를 통해 인류의 지혜가 아이들에게 전수될 때 인문학 교육의 효과는 배가된다.

인문학 교육은 아이뿐 아니라 부모와 교사도 자유롭게 한다. 아이를 위한다는 명목으로 아이도 죽이고 부모도 죽이는 현재의 교육 시스템에서 벗어나 부모부터 자기 인생을 일으키게 한다. 당장 그렇게 당당하게 살지는 못하더라도 최소한 현 상태에서 벗어나야 한다는 것을 인지하고 노력하게 한다. 그것만으로 충분하다. 그것만으로도 아이는 부모에게 고마움과 애잔함, 나아가 존경심을 느낄 것이다.

인문학 교육은 아이의 가슴을 뛰게 할 뿐 아니라 부모와 교사의 가슴도 뛰게 한다. 아이의 성적을 올려야 한다는 부담감, 성적을 올리지 못했을 때의 열등감과 죄책감에서 벗어나 아이와 인간 대 인간으로 많은 대화를 나누고 서로의 성장을 이끄는 희열을 느껴보고 싶지 않은가. 그렇다면 지금 당장 나부터 인문학 교육을 시작하라.

우리의 두뇌 회로를 만든 쓰레기 교육

사람은 교육을 통해 사람으로 길러진다. 갓 태어난 아이를 늑대가 키우면 사람 모습을 하고 있다 하더라도 하는 행동은 늑대를 닮게 된다. 또 한국 사람이라 하더라도 미국에서 자라면 미국 사람의 풍습을 따르게 되고, 일본에서 자라면 일본 사람의 사고방식을 갖게 된다. 태어나서 어떤 교육을 받고 자라느냐에 따라 사람의 생각과 습관이 결정되는 것이다. 우리 교육의 역사를 살펴보면 우리가 왜 이런 사회에서, 이런 모습으로, 이렇게 생각하며 살고 있는지 그 이유가 밝혀진다.

안타깝게도 우리는 태어나서 지금까지 한 번도 제대로 된 교육을 받지 못했다. 오히려 불행하게 살도록 교육받아왔다. 일제강점기 이후 한 번도 우리나라에 제대로 된 교육 시스템이 자리 잡지 못했기 때문이다.

프로이센 교육제도를 그대로 이어받은 우리의 교육은 지배계층의 이해에 맞는 인간을 길러내는 것을 목적으로 프로그래밍 되었다. 지배계층은 생각하는 사람을 원하지 않는다. 한 가지 문제를 깊이 파고들면서 끊임없이 의문을 제기하는 사람을 싫어한다. 오직 자신의 말을 잘 듣고, 자기의 요구대로 움직이는 사람을 필요로 할 뿐이다.

잠깐 필라멘트 전구 이야기를 해보자. 우리가 사용하는 전구는 1000시간이 지나면 필라멘트가 끊어져서 새 전구로 교체해야 한다. 그런데 에디슨이 처음 전구를 만들었을 때는 2만5000~2만8000시간 동안 불이 켜지도록 만들었다는 것을 아는가? 『지구와 바꾼 휴대폰*Kaufen für die Müllhalde*』에 따르면 실제로 미국 어느 소방서에는 110년 된 전구가 지금까지 빛을 밝히고 있다고 한다. 전구 수명이 지금처럼 짧아진 것은 1925년 전구회사들이 모여 '전구 수명 1000시간 위원회'를 만들면서이다. 사람들이 전구를 다시 사지 않아 이윤을 낼 수 없었던 기업들은 1000시간이 지나면 필라멘트가 끊어지도록 만들기로 이날 합의했다. 이 사실을 몰랐을 때는 100년 가는 전구가 어디 있겠냐며 아예 상상도 않지만, 진실을 알고 나면 우리가 기업에 이용당한다는 사실에 분개하게 된다. 교육도 이와 마찬가지다. 우리가 모르는 사이, 우리의 머릿속에 정부나 기업의 말을 잘 듣도록 고안된 회로가 심어진 것이다.

현재 우리의 두뇌 회로는 프로이센 교육을 비롯하여 일제강점기부터 시작된 4가지 교육 시스템에 의해 만들어졌다. 나는 그 교육을 '쓰레기'라 부른다. 나 자신을 잃어버리게 하고 자존감을 떨어뜨리고 결국 내 인생을 망치고 이 사회를 망치는 교육이기 때문이다. 4가지 쓰레기 교육에 대해 하나하나 짚어보자.

1. 일제의 식민교육

1905년 을사늑약이 체결되고 1910년 경술국치가 일어나면서 우리나라는 일본의 것이 되었다. 일제가 우리나라를 통치하면서 가장 먼저 한 일은 조선교육령을 반포한 것이었다. 일제가 행정·경제·군사 명령에 앞서 교육령을 반포했다는 것은 식민 통치에 있어서 교육이 가장 중요하다 생각했기 때문이다. 조선교육령의 주요 목적은 우리 민족에게 이성이 발달할 기회를 주지 않는 데 있었다. 즉 인문 교육의 폐지였다. 학교는 일본어를 가르치고, 일본인들의 정책 실현을 도와줄 실용적인 근로인, 하급관리, 사무원을 양성하는 데 필요한 곳이었다.

일제는 성균관과 서당을 폐지하고 경성제국대학교를 만들었다. 서울대학교의 전신인 경성제국대학교의 교육은 인문학 교육과 비인문학 교육으로 나뉘었다. 인문학과 연관된 과에는 주로 조선에 살던 일본인들만 진학할 수 있었다. 법과대학이나 의과대학에는 주로 조선인들이 들어갔다. 이때부터 우리나라에 의사나 판사를 우러러보는 문화가 생겨났다. 그 당시 법과대학에서 가르쳤던 법은 일본인들이 제정한 것이다. 법을 만드는 것은 인문학적인 일이므로 일본인들이 하고, 기술적으로 법을 집행하는 일은 조선인이 맡도록 하였다. 대학 교육의 목적 역시 일본인 말을 잘 듣는 고급 관리자 양성에 있었다. 의과대학도 마찬가지다. 인문학적인 교육 없이 오로지 의학 기술만을 가르쳤다. 이런 역사적 배경을 안다면 의사, 판사에 열광하는 지금의 세태가 가슴 아프게 다가올 것이다.

조선교육령의 내용을 간단하게 정리하면 '일본인에게는 인문학 교육을, 한국인에게는 직업 교육을 한다'로 요약할 수 있다. 그렇다면 한국인에게 왜 인문학 교육을 하지 않은 것일까? 쉽게 통치하기 위해서다. 한마디로 이 교육 시스템은 배우는 학생에게 아무런 관심이 없다. 일제로 대표되는 지배계급 밑에서 피지배계급끼리 서로 싸우고 분열되는 것을 목적으로 한다. 오직 성적밖에 몰라야 하고, 교실엔 잔혹한 경쟁만 가득해야 한다. 교사와 학생 간에 신뢰 같은 것은 생기면 안 된다. 대화는 없고 지시만 있을 뿐이다.

2. 미국의 공립학교 교육

미국의 공립학교 교육은 1900년 초 미국의 석유사업가 존 D. 록펠러가 '일반교육위원회GEB, General Education Board'를 만들면서 시작되었다. 우리는 존 록펠러를 천문학적인 액수의 돈을 기부한 미국 최고의 부자라고 알고 있지만, 다른 한편으로는 규칙에 순응하는 인간을 기르기 위한 미국의 교육제도를 만든 사람이다. 록펠러는 자신의 사업을 확장하기 위해 더 많은 공장을 필요로 했다. 공장에서는 윗사람이 시키는 대로 기계처럼 일하는 노동자들이 필요했다. 공장을 효율적으로 운영하기 위해서는 노동자들이 출퇴근 시간과 일하고 쉬는 시간을 잘 지키고,

개개인의 성향과 상관없이 주어진 일을 정해진 시간에 해야만 했다.

공장의 일정표는 그대로 학교의 시간표가 되었다. 조선 시대 교육에 시간표가 있었다는 이야기를 들어본 적이 있는가. 스승과 제자가 계속 대화하다가 "조금 쉴까?" 하면 그때가 쉬는 시간이 되고, 쉬었다가 자연스럽게 대화를 이어가는 것이 교육이었다. 스승이 가지고 있는 지식과 지혜가 대화를 통해 그대로 제자에게 전수되었다. 그런데 시간표가 생기고 시간마다 과목별 교육이 이루어지면서 지식도 나누어지기 시작했다. 수업 시작하고 40분쯤 되어 좀 알 것 같은데 종이 울리면 쉬어야 하고 10분 후에는 다른 분야의 수업을 다시 시작하는 것은 공장교육 시스템과 다를 바 없다. 미국의 사립학교나 독일 학교에서는 시간표를 철저하게 지키지 않는다. 선생님 한 명에 10명 안팎의 아이들이 계속 대화하다 필요할 때 쉬는 식이다.

한 반에 많은 아이를 넣어놓고 똑같은 내용을 외우게 하고, 시험으로 우열을 가리는 것 역시 공장교육 시스템이다. 이런 시스템은 앞서 이야기한 대로 프로이센에서 유래되어 미국 공립학교 시스템이 되었고, 해방 후 미군정에 의해 우리나라에 이식되었다. 우리가 부러워하는 미국 교육제도는 사립학교 시스템이다. 공립학교와 달리 사립학교에 다니는 아이들은 인문학을 공부한다. 인문고전을 읽고 자유롭게 토론하고 사색한다. 존 D. 록펠러 역시 "사회를 이끌어갈 엘리트는 구체적으로 사고할 수 있는 능력을 키우는 교육을 한다"고 이야기하였다. 공립학교 교육은 비엘리트를 위한 교육이라는 뜻이다.

3. 친일파의 우민화 교육

일본이 폐망하고 미군정이 시작되었다. 미군정은 주요 요직에 있던 일본 사람은 몰아냈지만 일본인 밑에서 일했던 한국 사람들은 몰아내지 않았다. 오히려 그들에게 미군정을 위해 일할 것을 명령하고 한국의 교육을 '조선교육위원회'에 맡겼다. 즉 친일파에 의한 교육이 시작된 것이다. 당시 조선교육위원회의 목적은 미국의 공립학교 제도를 그대로 이식하여 '생각하지 않는 인간'을 기르는 것이었다.

그들은 주입식 교육을 만들어 가르치는 것만 외우게 하고, 생각하거나 질문하는 것을 금지했다. 시험을 보는 이유는 열등감을 심어주기 위한 것이었다. 자신을 스스로 똑똑하다고 생각했는데 시험 봐서 친구들보다 점수가 낮으면 아이들은 열등감에 빠진다. 이때 선생님은 등수를 매기고 친구와 비교해 아이의 열등감을 더 부추긴다. 이런 상황이 반복되면 아이들은 자포자기하여 '내가 할 수 있는 것이 없구나. 그냥 시키는 대로 살아야 하는구나' 생각하게 되는 것이다. 이것이 우민화 교육이다. 공부하면 할수록 학교에 다니면 다닐수록 더 불행해지는 이유이다.

4. 군사정권의 독재교육

친일파의 우민화 교육은 군사정권으로 그대로 이어졌다. 무력으로 권력을 잡은 군사정권에게는 정치적 정당성이 없었다. 그런 그들에게도 똑똑한 국민보다는 말 잘 듣는 국민, 정치에 관심 없는 국민이 필요했다. 군사정권은 국민의 정치적 관심을 다른 데로 돌리기 위해 '3S' 정책을 썼다. 3S는 섹스Sex, 스포츠Sports, 스크린Screen의 머리글자를 딴 것으로 국민에게 다양한 즐길 거리를 허용해줌으로써 우민화를 유도하는 것이다. 쉽게 말해 이렇게 표현할 수 있다.

'군인이 정권을 잡으니 세상이 이렇게 재미있어졌잖아. 마음껏 즐겨. 정치는 우리가 알아서 할게.'

이는 교육 현장에도 그대로 이어졌다. 학생들은 학교에서 다양한 특별활동을 하게 되었지만, 역시나 인문 교육은 시행되지 않았다. 친일파의 우민화 교육이 채찍이었다면 군사정권의 독재교육은 당근이었던 셈이다. 사람은 채찍보다는 당근 앞에서 더 약해지기 마련이다. 군사정권의 독재교육은 결과적으로 더 강한 우민화 교육이었다.

군부독재가 막을 내리고 민주화 시대가 열렸음에도 우리의 교육 시스템은 그대로이다. 여전히 인문학은 천대받고 있고, 수학능력시험에서 중요한 과목인 국어·영어·수학만 배우고 익혀야 할 과목으로 우대받고 있다. 아이들은 여전히 암기 위주의 공부를 하고 있고, 자신의 삶이나 사회에 대해서는 생각을 하지 않는다. 이제 먹고살 만해졌는데도 '나만 잘살면 돼'라는 생존 위주의 가치관이 부모와 아이들의 머릿속을 점령하고 있다.

왜 그럴까? 현재 교육제도를 변화시킬 수 있는 열쇠를 쥐고 있는 사람들이 여전히 '생각하지 않는 국민' '말 잘 듣는 국민'을 원하기 때문이 아닐까? 현재 재벌가나 주요 정치인 등 사회지도층 인사들은 하나같이 자녀들을 외국으로 보내 교육하고 있다. 이는 조선교육위원회 위원들이 자신의 자녀들은 미국으로 보내 인문학에 기반을 둔 사립학교 교육을 받게 했던 것과 같은 양상이다. 자, 우리 아이들에게 어떤 교육을 할 것인가. 이제 과감한 선택을 해야 한다.

우리 교육을 살리는 7가지 제안

앞서 간략하게 일제강점기부터 비뚤어지기 시작한 우리 교육의 역사를 정리해보았다. 1905년 을사늑약을 그 시작으로 잡으면 백 년이 넘는 시간 동안 우리 교육은 4가지 쓰레기 교육의 멍에를 벗지 못하고 너무나도 우직하게 한 길을 걸어왔다. 십 년이면 강산도 변한다고 하는데 강산이 열 번이나 변할 동안 우리 교육은 단 한 번의 변화도 일어나지 않았다. 경제는 비약적으로 발전하고 정치에서는 민주화를 이루었지만, 우리 아이들은 부모세대가 받았던 교육을 그대로 받고 있다.

아니 교육은 예전이 더 좋았다고 할 수 있을 정도로 현재의 교육은 엉망진창이다. 너도나도 대학에 가려고 경쟁하는 바람에 입시 위주의 교육은 더 강화되었다. 예전에는 고등학교에 들어가 대학입시 준비를 시작했다면 지금은 초등학교 아니 유치원 때부터 대학을 목표로 전속력으로 달려가고 있다. 과도한 경쟁으로 공부 내용도 더 어려워졌으며 1점 차이로 당락이 결정되다 보니 토시 하나, 기호 하나 틀리지 않기 위해 작은 것에 매달리는 공부를 하고 있다. 공부의 내용보다는 외적으로 보이는 점수가 더 중요시되는 상황이다.

우리나라 교육의 목적지인 대학에 입성한 대학생들의 삶은 어떠한가. 태어나 스무 해를 대학입시에 매달려 원하는 성과를 거두었다면 행복하게 살아야 하는 것 아닌가. 그런데 실상은 그렇지 않다. 힘들다고 아우성이다. 등록금 비싸, 취업도 안 돼, 대학만 가면 장밋빛 미래가 펼쳐질 줄 알았는데 아니었던 것이다. 그런데 우리는 왜 자녀를 대학을 보내려고 안달하는 걸까? 성적 비관으로 자살하는 아이들이 일 년에 150명, 어떤 조사에 따르면 300명에 달한다고 한다. 십 년이면 1500~3000명이 스스로 목숨을 끊는 이 시스템이 제대로 된 것인가.

그렇다면 교육은 어떤 방향으로 가야 할 것인가? '인간적인' 교육으로 가야 한다. 구체적인 내용은 다음과 같다.

1. 서울대가 더는 교육의 목표가 되어서는 안 된다.
2. 지금의 입시제도는 폐지되어야 한다.
3. 시험은 서로 협력해서 치르게 해야 한다.
4. 생각하고 이해하고 깨닫는 교육을 해야 한다.

5. 교사와 학생이 서로 신뢰하는 교육으로 가야 한다.
6. '어떤 삶을 살 것인가'에 대한 답을 스스로 찾을 수 있게 해주는 교육으로 가야 한다.
7. 행복해지는 법을 알려주는 교육으로 가야 한다.

이를 실현하기 위해서는 사회적인 합의가 필요하다. 모든 국민이 지금의 교육제도대로 가다가는 개인도 망하고 나라도 망한다는 것을 깨달아야 한다. 대치동 학원가를 철학·역사·문학·음악·미술을 접하고 대화하는 공간으로, 청소년 쉼터로 만들어야 한다. 또 서울대학교를 나온 의사와 실업고등학교를 졸업한 노동자의 월급이 비슷한 나라를 만들어야 한다. 이건 우파니 좌파니 하는 식의 편 가르기를 하자는 이야기가 아니다. 우리 아이들을 행복하게 만드는 교육을 하자는 이야기이다.

더 늦기 전에 교육제도를 획기적으로 바꾸어야 한다. 그것이 가능하냐고? 물론 가능하다. 지구에는 앞에서 말한 교육제도를 가진 나라들이 적지 않다. 더욱 놀랄 만한 사실은 그런 나라들의 학업 성취도가 우리보다 더 높고, 경제적으로도 더 잘산다는 것이다.

우리보다 먼저 교육혁명을 이루어낸 핀란드의 사례를 보자. 핀란드는 주입식 교육이 심했던 나라이다. 러시아의 식민통치를 받았던 역사적 배경도 우리와 비슷하다. 이런 핀란드가 1990년대 초에 교육개혁을 단행하였다. '일방적인 주입식 교육'에서 '학생 스스로 공부하는 교육'으로 획기적인 전환을 한 것이다. 학생 개개인의 성장을 중요시하고 한 명의 낙오자가 없도록 하는 것을 교육의 목표로 삼았다.

핀란드 교육은 한마디로 이야기해 '인간을 위한 교육'이다. 우리나라 교육의 목표가 공부 잘하는 아이들을 선발하여 나라를 이끌어갈 훌륭한 인재로 키우는 것이라면 핀란드 교육의 목표는 '한 명의 낙오자도 없도록 모두의 능력을 끌어올리는 것'이다. 우리나라 교육이 '잘하는' 아이들에게 초점이 맞춰져 있는 반면, 핀란드 교육은 '모든' 아이들에게 맞춰져 있다. 이것이 우리나라 교육과 핀란드 교육의 근본적인 차이이다. 이 차이에서 아이들의 학업 성취도와 행복도가 달라진다. 철저하게 개인을 위해 설계된 핀란드 교육은 다음과 같은 특징을 갖고 있다.

1. 입시가 없다.

핀란드의 교육제도는 초등학교부터 중학교까지 9년 동안은 의무교육이다. 이 기간에는 학교 교육에 필요한 모든 것이 무상으로 지급되고, 시험은 보지 않는다. 어렸을 때는 친구와 경쟁하기보다 협동하는 것을 먼저 가르쳐야 하기 때문이다. 다만 중학교 최고 학년이 되면 주요 과목에 4~10점의 평점이 매겨지고 그 평균점수로 고등학교 진학이 결정된다. 이 점수는 담임선생님이나 각 과목 담당 선생님이 그간의 학업 성취도를 고려해 매긴다. 이때 성적이 좋지 않으면 유급이 된다.

고등학교는 일반 학교와 직업학교로 나뉘어 있다. 보통 중학교를 졸업하는 아이들의 55퍼센트 정도가 일반 학교, 37퍼센트 정도가 직업학교에 진학한다. 유급하는 아이들이 2~3퍼센트 정도 되고, 나머지는 사회 경험을 쌓으며 공부할 수 있는 생애학습을 선택한다. 고등학교는 학교 간 학력차이가 없으므로 집에서 가장 가까운 곳으로 진학하는 것이 보통이다. 고등학교는 1년에 5~6학기로 편제되어 있는데 대학교처럼 학년 구분 없이 자신이 공부하고 싶은 과목을 선택하고 그 과목에서 학점을 따면 된다.

대학입학은 대학입학 자격시험과 대학별로 시행하는 입학시험 성적을 통해 결정된다. 대학입학 자격시험이 1년에 2번 시행되고, 연속 3번 응시해서 지정된 4개 과목에 합격하면 대학별 입학시험 응시자격이 주어진다. 자기가 원하는 시기에 응시하면 되므로 우리나라처럼 전국의 모든 고3 학생이 한날한시에 시험을 보기 위해 매달리는 입시 전쟁이 있을 수가 없다. 또한, 일반 대학 외에 대학과 동급의 고등직업전문학교가 있어 모두가 대학에 들어가기 위해 애쓰지 않는다. 일반 대학 진학률은 30퍼센트, 고등직업전문학교 진학률은 35퍼센트 정도이나.

핀란드는 인구가 적기 때문에 대학 수도 적고, 대학 간의 격차도 없다. 이 대학에 지원했다가 떨어지면 다른 대학에 지원해 같은 교육을 받을 수 있으므로 특정 대학에 들어가기 위해 애쓰지 않는다. 그리고 대학에 들어가려는 사람이 많지 않아서 대부분 원하는 대학에 들어간다. 입시가 없는 교육제도에는 기업의 인재채용 방식도 영향이 있다. 핀란드의 기업들은 나이나 학벌보다는 경력과 능력 위주로 사람을 뽑기 때문에 '어느 대학을 몇 년도에 졸업했는가'는 큰 의미가 없다.

2. 유급은 당연한 것이다.

핀란드 교육에는 유급 제도가 있다. 우리의 선입관에 '유급'은 창피한 일이지만, 핀란드에서는 모르고 지나가는 것이 더 창피한 일이다. 유급은 초등학교 때부터 시작된다. 우리나라처럼 8살은 1학년, 11살은 4학년이라는 기준이 없으므로 그 학년에 해당하는 일정 정도의 실력을 갖추지 못하면 다음 학년으로 진급할 수 없다. '한 명의 낙오자도 만들지 않겠다'는 핀란드 교육의 목표를 현실화한 제도라 할 수 있다.

교사는 자기 반에 진도를 따라가지 못하는 아이가 있으면 먼저 그 원인을 파악한다. 어떤 이유로 학습이 느린지 원인을 찾은 다음 그것에 맞게 개선방향을 모색한다. 방과 후에 보강수업이나 특별수업을 시행하고 그래도 안 되면 유급을 시킨다. 그리고 중학교 졸업 후에는 10학년 제도를 둬서 학력이 떨어지는 아이들은 고등학교 진학 전에 보충을 하고, 고등학교 진학을 결정하지 못한 아이들에게는 진로 탐색의 기회를 주고 있다.

고등학교 졸업 후에도 마찬가지다. 핀란드에서는 고등학교를 졸업하자마자 바로 대학에 진학하는 아이들이 많지 않다. 고등학교 졸업 후 바로 대학에 온 신입생들을 '이상하다' '불쌍하다'고 생각할 정도이다. 핀란드의 아이들은 보통 고등학교 졸업 후 2~3년 동안 '바리오부시'라고 하는 일종의 휴식기를 가지며 진로를 결정한다. 이 시간을 통해 대학을 가야겠다고 결정을 하면 그때 입학시험 준비를 시작하는 것이다. 대학에 가는 목적 역시 '졸업해서 좋은 직장을 갖는 것'이 아니라 '공부를 하고 싶어서'인 경우가 많다.

3. 고등학교 시험은 '에세이'로 친다.

고등학교에 들어가면 시험이 시작된다. 그 시험은 우리처럼 오지선다형, 괄호 채우기, 단답식이 아니라 모두 '에세이'이다. 국어·영어뿐 아니라 수학·생물·음악·미술 등 대부분 과목에서 생각을 글로 표현하는 에세이를 쓴다. 그래서 시험공부 방법도 우리와 다르다. 내용을 달달 외우는 암기보다는 에세이에 쓸거리를 하나라도 더 찾으려고 시험 직전까지 책을 읽는다.

그렇다고 책에서 얻은 지식을 그대로 써서는 안 된다. 반드시 자기 생각이 들어가야 한다. 시험에 나오는 에세이의 주제는 과목에 따라 다양하다. '자신이 읽고 감동받은 책에 대하여 쓰시오' '당신에게 언어란 어떤 의미입니까?' '눈에 대해 아는 것을 모두 쓰시오' 등 암기 위주로 공부해서는 도저히 쓸 수 없는 것들이 대부분이다. 시험 시간에도 제한이 없다. 자기 생각을 충분히 글로 표현할 수 있도록 시간을 준다.

이렇게 에세이로 시험을 보게 되면 좋은 점들이 많다. 단편적인 지식이 아닌 통합적인 지식을 얻게 되고, 책 속의 지식이 내 것이 되어야만 글로 쓸 수 있으므로 이해력을 높일 수 있다. 글을 쓰는 과정을 통해 논리적인 사고를 할 수 있고 표현력도 키울 수 있다. 글을 잘 쓰면 말도 잘하게 된다.

또 하나의 평가 방법이 있는데 바로 친구와 협동해서 수행하는 프로젝트이다. 프로젝트 수행을 통해 친구와 얼마나 협동을 잘하는지, 인간관계를 얼마나 잘 맺는지를 평가하는 것이다. 우리나라처럼 시험점수로 아이들을 줄 세우는 교육제도에서는 꿈만 같은 평가 방법이지만 이렇게 배우며 자란 아이들의 학업 성취도는 세계 1위이다. 경쟁보다는 협동을 가르치는 교육이 더 효율적이라는 것은 이미 증명된 바이다.

4. 수업은 프레젠테이션으로 이루어진다.

핀란드의 교실에서는 선생님이 앞에서 설명하고 20~30명의 아이가 선생님만 말똥말똥 쳐다보는 풍경은 볼 수 없다. 오히려 그 반대다. 아이들이 자신이 알고 있는 것, 자신이 조사해온 것을 발표하면 선생님이 집중해서 듣는다. 선생님은 아이들의 프레젠테이션을 듣고 부족한 점을 보충 설명하고, 더 알아보면 좋은 것들을 제안한다. 선생님이 교과서의 내용을 쭉 설명하는 것에 비해 진도는 느리지만, 학습 효과는 좋다. 자신이 직접 공부해서 발표하는 과정을 통해 아이들은 공부에 흥미를 갖게 되고, 자발적으로 공부하게 된다.

5. 교칙이 없다.

핀란드의 학교에서는 다른 사람에게 피해가 가지 않는 한 무엇이든 할 수 있다. 귀를 뚫어도 되고, 염색을 해도 되고, 치마를 짧게 입어도 된다. 더 놀라운 것은 담배를 피우고 술을 마셔도 제재를 하지 않는다는 것이다. 대신 아이들에게 술과 담배를 하면 어떤 점이 좋지 않은지 교육한다. 핀란드 아이들은 벌점이 무서워서 담배를 피우지 않는 것이 아니라 자기 몸에 해로우니까 피우지 않는다. 학생들 간에 문제가 생겼을 때 역시 교칙을 가지고 잘잘못을 따지기보다는 문제의 원인부터 찾는다. 문제의 원인을 찾아 근본적인 조치를 하기 때문에 똑같은 문제가 다시 발생하는 일이 적다.

6. 교사의 지위가 높다.

핀란드에서는 교사의 사회적 지위가 높고, 교육자로서 존경받는다. 이는 월급이 많다는 이야기가 아니다. 학교마다 월급이 다르기에 교사들이 월급을 더 많이 주는 학교로 옮기기도 하지만, 기본적으로 대학교수 수준의 대접을 받고 있다. 교사들은 오로지 '선생님'으로서 가르치는 일에만 매진한다. 한 명의 낙오자도 만들지 않기 위해 효과적인 교육방법을 연구하고 나날이 발전시켜 나간다. 핀란드 학생들의 학력 수준이 높은 데에는 이런 교사들의 노력이 있는 것이다.

나의 철학, 나의 역사를 만나는 인문학

이제 본격적으로 인문학에 관해 이야기해보도록 하자. 앞서 구구절절 장황하게 이야기했던 우리의 교육 현실과 인문학 교육의 장점들은 지금부터 시작될 이야기를 위한 기초 과정이었다. 기초 없이 "세계은행 총재 김용은 엄마에게 이런 교육을 받았다"는 식의 성공담을 들으면 집에 가서 애한테 "너 이렇게 하면 세계은행 총재 될 수 있어. 이거 해"라고 말하는 우를 범할 수 있다. 인문학을 빙자한 입시 교육이라 할 수 있다. 인문학 교육은 나로부터 시작해 위인들에게 다가가는 것이지 위인들처럼 되고자 기를 쓰고 노력하게 만드는 것이 아니기 때문이다.

그런 의미에서 인문학은 도구에 불과하다. 내가 세상을 잘 살아갈 수 있게 해주는 도구 말이다. 인문학이 나를 위해 존재해야지 내가 인문학을 위해 존재하면 안 된다는 의미이다. 이런 관점은 교육에서도 필요하다. 부모가 아이를 위해 존재해야지 아이가 부모를 위해 존재하면 안 되고, 사교육이 아이를 위해 존재해야지 아이가 사교육을 위해 존재하면 안 된다.

인문학은 주로 인간의 근원적인 문제나 사상·문화 등을 중점적으로 연구하는 학문으로, 철학·역사·문학을 포함한다. 인간의 근원적인 문제를 살피다 보면 '나의 문제'를 염두에 두지 않을 수 없다. 인문학을 한다면서 철학·역사·문학을 나와 동떨어진 지식으로만 익히는 것은 무익하다. 그보다는 내 문제의 해법을 찾기 위해 인문학의 지혜를 활용하는 것이 올바른 접근 방법이다. 즉, 소크라테스가 어떻게 말했다, 공자가 뭐라 했다는 것 자체가 아니라 소크라테스와 공자의 도움을 받아 나의 의문을 해결하는 것이 중요하다. 그래서 '나'를 중심에 놓고 철학·역사·문학을 어떻게 적용할 것인지 살펴봐야 한다.

철학은 '나는 지금 제대로 살고 있나?'라는 질문에 답을 구하는 학문이다. 이 질문은 단순해 보이지만 사실 매우 철학적인 질문이다. 내 존재의 본질과 삶의 본질에 대한 질문이기 때문이다. '나는 잘 살고 있는가?' '우리 아이와 관계를 잘 맺고 있는가?' 이런 질문을 스스로 한 번이라도 해봤다면 그 사람은 이미 인문학적인 존재라 할 수 있다. 하지만 문제는 이런 질문들이 여기서 더 나아가지 못하고 TV를 보거나 술을 마시는 등 감각적인 세계로 돌아간다는 데 있다. 흘러가는 대로 살다가 어느 순간 '나 제대로 살고 있나?' 하는 생각이 들어 고민하다가 '됐어. 그냥 살아' 하고 다시 일상생활에 파묻히는 일이 반복되고 있다. 인문고전 독서를 하지 않기 때문에 생기는 문제이고, 오랫동안 반복된 우리의 고질적인 습관이기도 하다.

이 습관은 우리의 교육과도 닮아 있다. 우리는 사춘기 때 좌충우돌하며 많은 고민을 한다. '어떻게 살아야 하지?' '이게 공부 맞나?' '이것 말고 다른 삶은 없을까?' 고민하지만 결론을 맺지 못한다. 친구한테 이야기하면 "시험 기간인데 공부나 해"라고 하고, 부모님께 이야기하면 "대학 가서 생각해"라는 대답이 돌아온다. 이런 과정이 반복되면 고민이 떠올랐을 때 자신을 스스로 통제하게 된다. '영어단어나 외우자' 'TV나 보자'는 식으로 삶에서 중요한 질문을 잃어버리게 되는 것이다.

이때 우리에게 필요한 것이 역사적 관점이다. 내가 지난 세월 어떻게 살아왔는지 '나의 역사'를 돌아봐야 한다. 세계사나 우리나라 역사를 알기 이전에 나의 역사를 봐야 한다. 나의 과거를 보면서 '삶에서 중요한 질문과 마주할 때마다 회피해오지는 않았는지' '친구를 만나 술을 마시거나 텔레비전을 보면서 본질과 거리가 먼 것으로 본질을 덮으려 하지 않았는지' 살펴야 한다. 나의 과거를 돌아보아 앞으로 나는 어떻게 살 것인가를 고민해야 한다. 철학적 질문과 역사적 질문이 동시에 들어가는 것이다. '어떻게 살 것인가'는 '나는 어떤 역사를 만들 것인가'와 연결되어 있다. 그래서 철학에서 역사로 넘어가야 한다.

문학적 관점은 왜 필요한가. 우리 삶에 감성과 여유를 불어넣기 위해서다. 다른 사람들과 행복하게 관계를 형성해가야 하는데 철학적·역사적 관점에서만 접근하면 타인에 대한 배려가 사라지게 된다. 인문학을 한다면서 인간을 놓쳐버리는 오류가 생기는 것이다. 그래서 우리에게 문학과 예술이 필요하다. 우리에게는 치열한 일상도 필요하지만, 때때로 혼자만의 공간에서 가슴을 뒤흔드는 인문고전을 읽으며 감동에 젖는 시간도 필요하다. 또 그림과 음악을 접하는 시간도 마찬가지다. 이때 비로소 우리는 '내가 사람이구나!'라고 느끼게 되는 것이다.

인문학적 문답 과정은 아이 교육에서도 제대로 된 방향을 제시해준다. '나는 지금 제대로 살고 있는가?'라는 질문을 던질 줄 아는 사람은 '나는 우리 아이를 제대로 키우고 있는가?'라는 질문을 던질 수 있다. 우리가 만일 평소에 인문학을 조금이라도 접하려고 노력하고 있다면 여기에 대해 치열하게 답을 찾을 것이다. 하지만 우리는 인문학보다는 TV로 대표되는 감각적인 문화에 더 길들어져 있다. 그래서 채널을 돌리면 다른 풍경이 펼쳐지는 TV처럼 이런 질문이 떠올라도 잠시 멍해 있다가 잊어버리기 일쑤이다.

'나는 아이를 제대로 키우고 있는가?'에 대한 답은 나의 자녀교육 역사를 돌아보면 나온다. 그리고 아이를 잘 키운 사람들과 비교해보면 답은 더 명확해진다. 김용 총재의 엄마나 로즈 케네디의 교육철학을 보면서 나의 교육 역사와 비교하며 점수를 주는 것이다. 아마 대부분이 좋은 점수를 얻기 어려울 것이다. 그러면 내 교육 역사의 미래가 그려진다. '내가 지금처럼 살아가면 교육이라는 이름으로 아이의 인생을 망칠 수도 있겠구나'라고 자각하게 되면 성공이다. 교사도 마찬가지다. 피아제나 페스탈로치 같은 훌륭한 교육자들과 자신을 비교해보면 나의 역사를 새로 만들어가야 한다는 깨달음이 생길 것이다. 이렇게 답을 찾는 것이다. 이때도 문학과 예술이 필요하다. 내가 사람이라고 느껴야 아이도 사람으로 존중하고 대하기 때문이다. 그래야 사랑이라는 이름으로 자녀를 학대하는 이 바보 같은 사교육 시스템에서 벗어날 힘을 갖게 된다.

TIP
철학 · 역사 · 문학을 통한 가문의 문화 만들기

인문학 교육은 나와 아이뿐 아니라 가문의 문화를 만드는 데도 영향을 준다. 가문의 문화를 만든다는 것이 대수롭지 않게 느껴질지 몰라도 내 아이와 손자, 증손자까지 이어진다고 생각하면 그 중요성이 커진다.

동서양의 명문가들은 훌륭한 인재를 키워내는 가문의 문화를 중요시하였다. 내 존재의 근원이 된 나의 가문에 특별한 문화가 없다면 인문학을 공부하면서 지금부터라도 만들어보자. 다음의 표를 활용하면 철학 · 역사 · 문학을 나와 아이, 가문을 위해 어떻게 활용할 수 있을지 도움받을 수 있을 것이다. 또한, 인문학을 공부하면서 '이 공부를 왜 해야 하지?'라는 의문이 들 때, 직접 질문을 만들어보자. 공부하는 이유를 다시 찾을 수 있을 것이다.

	나	아이	가문
철학	어떻게 인생을 살 것인가? · ·	· · ·	· · ·
역사	어떻게 나의 역사를 만들 것인가? · ·	· · ·	· · ·
문학	어떤 인간적인 관계를 맺을 것인가? · ·	· · ·	· · ·

인문학은 교육혁명이다

인문학은 영어로 'Humanities'이다. 어원은 라틴어 '후마니타스 Humanitas'로 키케로가 기원전 55년에 『웅변가에 관하여 De Oratore』에서 처음으로 쓴 말이다. 뜻은 '인간적인' '인간성' '예수 그리스도의 인성'의 의미다. 고대 그리스인들은 자신들의 특별한 교육을 '파이데이아 παιδεία'라고 칭했다. 고대 그리스의 교육은 성공적이었다. 고대 그리스 문명, 즉 헬레니즘은 헤브라이즘과 더불어 서양 문명의 뿌리가 되었다. '파이데이아'는 고대 로마로 넘어가면서 '후마니타스'가 되었고 찬란한 로마 문명을 꽃피웠다.

파이데이아, 후마니타스 등 지금은 쓰지도 않는 어려운 말까지 해가며 인문학의 어원을 이야기한 것은 인문학이 본래 교육의 한 분야가 아니라, 교육 그 자체였음을 이야기하기 위함이다. '파이데이아'를 우리

말로 바꾸면 '교육'이고 '후마니타스'를 우리말로 바꾸면 '인문학'이다. 즉 인문학은 교육이다. 이것이 인문학 교육의 역사적 성과이다. 이제 우리는 인류의 위대한 성과를 나 자신과 아이들에게, 우리 사회에 적용해야 한다.

고대 그리스에서 시행되었던 파이데이아는 전쟁에 나가 잘 싸우고, 시민 사회에서 대화가 잘 통하고 말을 잘하는 사람을 기르는 것이 목표였다. 어느 날 고대 아테네의 대화와 토론의 광장이었던 아고라에 소크라테스가 나타났다. 많은 사람이 소크라테스 하면 나약하고 키 작고 못생기고 어려운 이야기만 하는 사람이라는 이미지를 갖고 있지만 그렇지 않다. 그는 아테네 최고의 전사였다. 스파르타와 아테네가 벌인 펠로폰네소스 전쟁에 나가 스파르타 전사와 싸운 사람이었다. 이런 소크라테스가 아고라 광장에서 청년들에게 질문을 던졌다. "너 제대로 살고 있니?"

오늘날로 비유하면 강남 대치동 거리에서 학원 가는 아이 붙잡고 "너 어디로 가고 있니?"라고 묻고 "학원 가고 있어요"라고 대답하면 "그 학원이 네 인생을 책임져줄까?" 묻는 식이었다. 이런 소크라테스의 질문에 걸려든 사람이 플라톤이다. 플라톤은 당시 세속적인 삶을 추구하던 사람이었다. 극작가로 성공해서 정치권에 들어가 부와 권력을 얻고 싶어 했다. 요즘으로 치면 대치동에서 사교육 열심히 받아 서울대 들어가서 국회의원이 되겠다고 마음먹은 것과 같다.

그러다 "어디 가고 있니? 그게 너를 진정으로 행복하게 해줄까?" 하는 소크라테스의 질문에 충격을 받은 것이다. 플라톤은 자신이 쓴 희곡 작품을 모두 불태우고 소크라테스를 따랐다. 이런 식으로 아테네 최고의 명문 귀족 자제들이 하나둘씩 자신의 삶을 버리고 소크라테스의 제자가 되자, 아테네 사회에 난리가 났다. 당연하지 않겠는가. 돈과 명예를 최고의 목표로 삼고 자식들을 교육하고 있는데 그 아이들이 갑자기 돈과 명예를 포기하겠다고 선언한 것이다. 결국, 소크라테스는 청년들을 타락시켰다는 이유로 고발당하고 처형되고 만다.

나는 소크라테스를 교육혁명을 일으킨 사람이라고 평가한다. 당시 아테네 교육은 부와 권력을 얻기 위한 귀족들만의 교육이었는데 소크라테스가 나타나 교육에 대해 새로운 정의를 내린 것이다.

"교육은 영혼을 생각하는 것이다."
"양심에 따라 신이 주신 길을 걸어가는 것이 교육이다."
"교육은 용기와 힘과 지식을 갖추려고 노력하는 것이다."

이렇게 소크라테스는 아테네에 교육혁명을 일으켰고 소크라테스가 처형되자 그의 철학은 더 급속도로 전파되었다.

동양에서도 인문학은 교육혁명을 가져왔다. 동양으로 보면 춘추전국시대가 소크라테스가 활동했던 시기와 비슷한 암흑시대였다. 귀족 자녀들만 교육을 받을 수 있었는데, 전쟁에서 이겨 전리품을 많이 가져오는 교육, 조정에 들어가 왕의 총애를 받기 위한 교육, 백성을 쥐어짜 왕에게 세금을 많이 바치는 사람을 기르는 교육이 이루어지고 있었다. 오로지 부와 명예를 위해 미친 듯이 달려가는 교육 시스템에 공자가 나타나 제동을 걸었다.

당시 군자君子는 임금의 아들, 귀족의 아들 등 신분을 지칭하는 용어였는데 공자가 그 의미를 바꿔버렸다. '도덕적으로 훌륭한 품성을 가진 사람'을 '군자'라 정의하고, 왕에게 바른말을 해 잘못을 바로잡아줄 수 있는 사람, 백성을 위하는 사람을 키우는 것을 교육의 목표로 삼았다. 최초로 평민을 위한 학교를 만들어 공부하고 싶은 모든 사람을 가르쳤는데 이것은 당시 사회상황으로 봤을 때 대단한 교육혁명이었다.

이처럼 인문학은 교육혁명이다. 자신의 영혼을 살피고 타인을 돌보는 올바른 교육을 하기 위해 인문학이 필요하다. 최근 우리나라 인문학 열풍에는 '교육'이 빠져 있다. 그전에는 쓸모없는 학문이라 여겨졌던 인문학이 주목을 받는 것은 환영할 만하지만, 교육이 빠져 있는 인문학은 부과 권력을 얻기 위한 또 하나의 수단에 불과할 뿐이다.

인문학을 한다는 것은 자기 교육과 아이 교육에 있어 혁명을 일으키는 것이다. 자기 교육은 그동안 나를 세상이 이끄는 대로 아무렇게나 흘러가게 내버려두었다는 것에 대한 반성이다. TV에서 멋진 연예인이 나와 커피 광고를 하면 나도 저렇게 될 수 있다는 착각에 빠져 별생각 없이 커피를 사 마신 것은 아닌가 되돌아봐야 한다. 커피를 마시면서 커피를 만든 사람들을 생각해보는 것이 인문학이다. 아프리카·동남아 아이들이 학교에도 못 가고 온종일 손이 갈라지도록 커피콩을 따서 만들었다는 사실, 그것을 대기업이 헐값에 가져와 문화로 포장해 팔

아먹고 있다는 사실을 알아야 한다. '이 커피에 아이들의 피땀이 담겨 있구나' '아이들을 위해 무엇을 해야 할까?' 생각해야 한다. 그래서 공정무역 커피 운동에 동참하고, 커피 광고에도 그 아이들의 나아진 삶과 노동환경이 나오기를 바라는 것, 이것이 진정한 자기 교육이고 인문학 혁명이다.

아이 교육에서도 마찬가지다. 진짜 아이를 위한 교육이 무엇인가. 대학이 진짜 우리 아이의 인생에 도움이 되는가. 대학 나와서 취직도 못하고, 취직했다고 해도 안심할 수 없는 상황에서 어떻게 해야 할 것인가. 여기까지 생각을 해서 아이를 위한 교육을 만들어가는 것이 바로 교육혁명이다. 그렇다고 해서 대학을 보내지 말라는 것은 아니다. 좋은 대학을 보내면 좋다. 다만 세상의 조류에 흔들리지 않는 나만의 중심, 나만의 교육철학을 갖고 대학을 보내고 공부를 시켜야 한다는 의미다. 또한 TV에서 보이는 것, 세상 사람들이 하는 이야기에 휘둘리지 않고, 그것을 판단하고 본질을 찾고 나의 길을 가고 아이도 자기의 길을 걸어갈 수 있게 배려해주어야 한다는 것이다.

우리나라 사교육이 이토록 난리인 이유는 부모의 불안 심리 때문이다. 부모가 불안하니까 아이들한테 난리 치는 것이다. 왜 우리나라 부모들은 불안한가? 생각하지 않기 때문이고, 자기만의 중심이 없기 때문이다. 부모가 인문학 교육이란 것을 받아본 적이 없으니까 인간적인 고민을 하지 않고 그냥 세상에 휩쓸려 살아간다. 우리나라 교육문제는 이런 심리에서 비롯되었다. 이를 잘 다뤄서 부모가 중심을 잡게 해주는 것이 인문학 교육이다. 소크라테스와 공자를 만나 그의 삶과 사상을 접하고 생각하며 자기의 중심을 잡아가는 것이다.

소크라테스가 어떤 사람인가. 목숨이 위험한 상황에서도 자신이 옳다고 생각한 길을 묵묵히 간 사람이다. 공자도 자기 뜻과 맞지 않는 왕을 버리고 떠남으로써 세 번이나 죽을 위기를 겪었다. 공자는 이렇게 이야기했다.

"아침에 도를 깨치면 저녁에 죽어도 좋다."

오직 자신이 추구하는 수신제가치국평천하修身齊家治國平天下가 이루어지는 것이 삶의 목적일 뿐, 나만 잘 먹고 잘사는 것은 중요하지 않다는 의미다. 죽음도 공자의 뜻을 가로막지 못할 정도로 확실한 자기중심을 가지고 있었다. 두 사람은 모두 세상의 삶을 완전히 벗어나 불멸의 존재가 되었다. 이 사람들의 정신을 배우면 우리도 그런 힘을 갖게 된다. 그래서 인문학 교육이 필요한 것이다.

사랑과 섬김이 이끄는 교육

나는 비록 날라리 신자이긴 하지만 대학교 4년 내내 주일학교 교사를 했다. 처음에는 교회에 대학생이 없으니 잠시 도와달라고 해서 시작했는데 주일학교 교사의 매력에 빠져 대학 졸업 때까지 하게 되었다. 나는 학교 수업은 빠져도 주일학교는 빠지지 않았다. 아이들과 만나는 것이 즐거웠고 진정한 교육은 어떻게 이루어져야 하는지에 대해 배울 수 있었기 때문이다. 초등학교 교원을 양성하는 교육대학에서 배운 것보다 주일학교에서 배운 것이 더 많았을 정도다.

나는 지금도 진정한 교사는 주일학교에 있다고 생각한다. 첫 번째 이유는 주일학교 교사는 돈 한 푼 받지 않고 일한다는 것이다. 생업으로 돈을 벌기 위해 일하게 되면 놀이가 아니라 노동으로 일하게 된다. 또 일을 더 한다고 돈을 더 주는 상황이 아니라면 서로 안 하려고 할 것이다. 그런데 주일학교 교사들은 오직 예수님의 사랑을 실천한다는 사명감으로 어떤 보상도 바라지 않고 봉사한다. 자기가 맡은 아이들을 위해 기도하고 시시때때로 문자 보내고 생일에는 축하파티를 열어주며 아이들과 소통하기 위해 애쓴다. 누가 공부를 잘하든 못하든 주일학교 교사에게는 크게 문제가 되지 않는다.

두 번째 이유는 주일학교의 교사 교육 시스템이다. 주일학교 교사들은 '항상 겸손하라'는 교육을 받는다. 아이들에게 자신을 내세우면 교만한 것이고 신앙에 위배되는 것이다. 아이들을 작은 예수라 생각하고 섬기라는 이야기를 귀에 못이 박이게 듣는다. 그래서 아이들을 존중하고 사람으로 대한다.

세 번째로 주일학교에서는 아이들과 '인생을 어떻게 살아야 하는가'에 대한 이야기를 많이 나눈다. 교리 공부라 생각할 수 있지만 교리 중에는 '이웃을 내 몸같이 사랑하라' '오른뺨을 때리면 왼뺨을 내주어라' '부모님께 효도하여라' 등 인류의 보편적인 진리가 들어있다. 어떻게 보면 학교에서 사라진 인성 교육을 주일학교에서 하고 있다고 할 수 있다.

주일학교에는 정말 다양한 아이들이 모인다. 학교에서 얌전했던 아이들이 주일학교에서는 적극적으로 변하기도 하고, 학교에서는 드러내지 않았던 장기를 보이기도 한다. 한 번은 공과공부 시간에 남자아이가 커터 칼을 휘둘러서 내 손바닥에 상처를 낸 적이 있었다. 순간 너무 아프고 화가 났지만 깜짝 놀란 눈으로 나를 쳐다보는 아이 눈빛에서 그 아이의 마음을 읽을 수 있었다.

'일부러 그런 것이 아니에요. 죄송해요, 선생님.'

아이는 그 자리에 얼어붙어 꼼짝도 못 하고 있었다. 나는 얼른 휴지로 상처를 가렸다. 그리고 아이를 안심시켰다.

"선생님은 괜찮아. 그런데 칼을 그렇게 휘두르면 안 돼. 필통에 잘 넣어두었다가 꼭 필요할 때만 꺼내 쓰는 거야."

아이는 얼떨떨한 표정으로 자리에 앉았다. 손바닥의 통증을 느끼며 나는 예수님의 고통을 생각했다.

'칼로 살짝 스쳤는데도 이렇게 아픈데 손에 못이 박힌 예수님은 얼마나 고통스러웠을까. 예수님이 나에게 십자가의 고통을 맛보라고 이런 기회를 주셨구나.'

방금 칼을 휘두른 아이를 나를 찌른 아이로 보지 않고, 예수님의 은혜를 깨닫게 한 아이로 보니 오히려 더 잘해주게 되었다.

만약 학교에서 이런 일이 일어났으면 어땠을까? 아이가 실수로 했건 어쨌건 상관없이 난리가 나지 않았을까 싶다. 이런 차이 때문에 학교에서는 문제라고 낙인찍힌 아이들도 주일학교에 오면 2~3달 만에 변한다. 일주일에 두 번씩 전화해 "매일 너를 위해 기도한다"고 이야기해주고, 주일학교에 안 나오면 집 앞에 찾아가 기다렸다 함께 오고, 엄마·아빠와 상담하면서 아이의 장점을 알리며 정성을 기울이면 아이들은 자연스럽게 마음의 문을 연다.

주일학교에서 내가 가르쳤던 한 아이는 이렇게 이야기하기도 했다.

"너무 힘들어서 죽으려고 했는데 그 순간 선생님 얼굴이 떠올랐어요."

그 이야기를 들으면서 '주일학교 교사하기를 잘했구나' '이런 교육이 진짜 교육이구나' 하는 것을 다시 한 번 깨달았다. 만약 그 시간이 없었더라면 초등학교 교사로 일할 때 주변의 반대를 무릅쓰고 인문학 교육을 시도하지 못했을 것이다. 아이를 살리는 교육, 교사를 성장시키는 교육은 이런 모습이 되어야 한다.

쓰레기 대신 꿈을 캐는 '가치관 교육'

나는 주일학교에서 경험했던 것과 비슷한 교육을 필리핀 톤도에서 보았다. 톤도는 세계 3대 빈민 도시 중 하나다. 특히 필리핀 마닐라 국제공항에서 차로 20분 거리에 있는 톤도의 파롤라 마을은 도시의 쓰레기를 가져와 버리는 곳으로, 마을 뒤편에는 거대한 쓰레기 산이 만들어져 있다. 쓰레기 산 밑에는 2~4평 정도의 판잣집 3만여 채가 다닥다닥 붙어 있고, 한 가구에 보통 7~8명의 가족이 살고 있다. 집이 너무 좁아 식구들이 똑바로 누워 자지 못하고 앉아서 잘 정도이다. 이곳 사람들은 쓰레기 산을 뒤져 쓸 만한 물건을 찾아 내다 파는 것으로 생계를 유지하고 있다.

대부분의 빈민가가 그렇듯 이들에게서 삶의 희망을 찾기 어렵다. 아버지는 온종일 술에 취해 지내고, 마땅히 할 일을 찾지 못한 엄마들은 쓰레기를 줍거나 삼삼오오 모여 도박이나 하며 지낸다. 부모가 이렇다 보니 아이들 교육은 꿈도 꿀 수 없다. 아이들 역시 쓰레기를 줍거나 쓰레기 산을 이리저리 뛰어다니며 논다. 생활환경도 열악하여 물과 전기가 들어오지 않는다. 마을 공동우물에서 길어다 사용하는 물은 색깔이 누렇다. 쓰레기 침출수이기 때문이다. 전기가 들어오지 않아 석유 램프를 사용하고 날씨가 무더워도 선풍기 하나 돌리지 못한다.

희망보다는 절망이, 삶보다는 죽음이 익숙한 이곳에서 희망의 역사를 쓰고 있는 사람이 있다. 2000년부터 톤도 교육센터를 세워 아이들을 교육하고 있는 김숙향 교사이다. 김숙향 교사의 삶은 드라마틱하다. 그녀는 1991년 독신으로 살며 고아들을 돕겠다는 결심을 하고 필리핀으로 날아갔다. 선교 사역을 하던 그녀는 이국땅에서 운명의 남자를 만나게 된다. 바로 호세 발라이스. 그는 조직폭력배 두목으로 전과 34범의 사형수였다. 그의 삶은 영화로도 만들어졌을 정도로 필리핀에서는 유명한 인물이었다.

무기징역을 선고받았던 호세 발라이스는 신앙을 갖게 되면서 죄를 뉘우치고 착실한 수감생활을 했고, 모범수가 되어 20년 만에 세상으로 나왔다. 그리고 필리핀의 한 기도원에서 김숙향 교사를 만나면서 사랑에 빠졌다. 34세 선교사와 48세 전직 사형수는 우여곡절 끝에 결혼식을 올렸고 후원을 받아 아이들을 먹이고 가르치는 교육 봉사를 시작하였다. 필리핀의 학제는 초등학교 6년, 고등학교 4년, 대학교 4년으로 이루어져 있는데 톤도 교육센터에서는 초등학생과 고등학생을 대상으로 교육하고 있다.

두 사람은 아이 셋을 낳고 세상의 여느 부부처럼 지지고 볶으며 결혼 생활을 하였다. 가난한 살림에 부부싸움도 많이 했지만 상대를 더 이해하려는 마음을 내면서 위기를 극복했다. 하지만 부부의 인연은 오래가지 못했다. 2008년 호세가 교통사고로 먼저 세상을 떠난 것이다. 하지만 김숙향 교사는 함께하던 일을 계속하는 것으로 남편과의 인연을 이어나갔다. 이제 세상을 깜짝 놀라게 한 톤도 교육센터의 교육 내용을 구체적으로 살펴보자.

톤도 교육센터의 목표는 '아이들을 인격이 훌륭한 사람으로 성장시키는 것'이다. 지식을 가르치기에 앞서 아이들이 나만 잘 사는 것이 아니라 다른 사람을 살리고 세상을 변화시키는 사람이 될 수 있는 마음가짐을 갖도록 교육한다. '꿈 교육'과 '가치관 교육'으로 이루어져 있는데, 이것이 아이들 교육뿐 아니라 교사 교육과 학부모 교육으로 이어지면서 톤도에 변화를 일으키고 있다. 김숙향 교사는 아이들을 가르치기 전에 먼저 교사들을 교육했다. 아이들을 가르치는 어른이 변해야 아이들도 변한다는 확신 때문이었다. 교사들과 함께 '윤리학'을 공부하며 아이들을 대하는 기본자세와 교육철학을 갖도록 했다. 이 과정을 통해 만들어진 교육철학은 다음의 세 가지이다.

1. 배움의 기회에 차별을 두지 않는다.
2. 우등생이 아니라 '인간'을 만든다.
3. 동반 성장 학습을 교육철학으로 삼는다.

이런 교육철학을 바탕으로 교사들은 아이 한 명 한 명을 소중하게 생각하는 교육을 추구한다. '영어'를 가르치는 것이 아니라 '영어를 배우는 아이들을 가르친다'는 마음으로 아이들을 대한다. 그리고 아이들에게 '꿈 교육'을 한다. 톤도는 아이들이 꿈을 가지기에 매우 열악한 상황이지만, '공부를 못하는 것이 문제가 아니라 꿈이 없는 것이 문제'라는 메시지를 아이들에게 지속적으로 던진다. 현재는 가난한 마을 톤도에 있지만, 미래에는 스스로 톤도를 변화시킬 수 있다는 꿈과 희망을 심어주고 있다.

'꿈'이라고 하면 우리는 판사나 의사가 되거나 사회적으로 유명한 사람이 되는 것으로 생각하고 있지만, 이곳에서 가르치는 '꿈'은 다르다. 돈과 명예보다 더 위대한 가치가 있는, 세상을 변화시키는 꿈을 꾸도록 가르친다. 사실 톤도 남자아이들의 꿈은 배를 타는 것이다. 배를 타면 월급을 많이 받고 세계 각지를 돌며 머무는 나라마다 새로운 부인을 만들 수 있다고 생각하기 때문이다. 이런 것을 꿈이라 할 수는 없다.

센터에서 아이들을 돌보는 넬슨의 꿈도 처음에는 배를 타는 것이었다. 그런데 꿈 교육을 통해 요리사의 꿈을 가지게 되었다. 훌륭한 요리사가 되어 톤도를 떠나고 싶어 하지 않을까 생각했는데, 그게 아니었다. 그의 꿈은 세계적인 요리사가 아니다. 맛있는 음식을 먹어본 적 없는 톤도의 아이들에게 맛있는 음식을 제공하는 것이다. 자신만을 위한 꿈이 아니라 고향의 아이들을 행복하게 해주고 싶다는 꿈을 꾸고 있는 것이다.

또 한 명. 톤도 출신으로 필리핀 최고 명문인 국립 필리핀 대학교를 졸업한 살로나 우바스는 고액 연봉을 제시한 수많은 직장을 과감히 버리고 다시 톤도로 돌아와 아이들을 가르치고 있다. 자신을 빈민으로 만든 톤도를 변화시키겠다는 신념으로 기쁘게 아이들을 가르치고 있다. 톤도 교육센터에서는 다음의 5가지 방법으로 아이들이 꿈을 가질 수 있도록 돕고 있다.

1. 좋은 꿈을 찾아주기 위해 먼저 아이들의 이야기를 귀담아듣는다.
2. 세속적인 꿈이 아니라 거룩한 꿈을 강조하는 성경적 삶의 방식을 가르친다.
3. '네가 좋아하는 일이 네 꿈이 될 수 있다'는 사실을 가르친다.
4. 아버지 교실, 어머니 교실을 통해 부모에게도 꿈을 가르친다.
5. 사랑으로 가르친다.

모든 교육은 사랑으로 마무리해야 한다. 사랑 없이 꿈 교육이 그저 테크닉으로 끝난다면 아이들은 세상에 이로운 사람이 되겠다는 꿈을 꾸지 못했을 것이다. 한 아이의 어머니는 이렇게 이야기했다.

"교육은 중요해요. 제 아이가 센터에서 꿈 교육을 받지 않았더라면 예전처럼 쓰레기를 뒤져 돈이 될 만한 것을 찾았다면, 정작 중요한 자신의 꿈을 찾지 못했을 거예요. '쓰레기를 찾을 것인가, 꿈을 찾을 것인가?'는 인생을 바꿀 정말 중요한 질문이에요."

톤도 교육센터에서는 꿈 교육과 더불어 '가치관 교육'도 하고 있다. 삶의 가치관이 뚜렷해지면 아이들은 삶의 방향을 찾고 누가 뭐라 하지 않아도 스스로 공부한다. 그리고 이 공부가 자신뿐 아니라 세상에 도움이 될 수 있다는 것을 알면서 노력한다. 센터가 매주 빠지지 않고 2시간 30분씩 가치관 교육을 하는 이유다. 가치관 교육의 내용은 모두 11가지이다. 학교에서나 가정에서 아이들 교육에 활용하면 좋을 만한 것들이다.

첫째, 함께하는 삶이 아름답다는 것을 가르친다.

방과후교실을 운영할 때 공부 잘하는 아이가 못하는 아이를 도와주게 한다. 두 아이는 그 순간 '서로 힘을 합하면 모르는 것을 해결할 수 있다'는 엄청난 가르침을 얻게 된다. 전체의 목표를 이루기 위해 다른 사람과 힘을 합해 일하는 것의 중요성, 자신의 장점을 발휘하여 다른 사람들이 더욱 빨리 목표를 이루게 돕는 것의 기쁨 등 함께하는 삶의 가치를 느낄 수 있도록 한다.

둘째, 주변 청소를 통해 아이들의 자존감을 세운다.

아이들은 한 달에 한 번 자기가 사는 동네를 청소한다. 사는 곳이 조금씩 깨끗해지는 것을 느끼면서 '내가 동네를 깨끗하게 만들었다'는 생각에 자존감이 높아진다. 교사들은 '아무도 보지 않을 때 홀로 규칙을 지키는 즐거움'과 '휴지를 버리는 대신 버려진 휴지를 줍는 것의 행복'에 대한 이야기를 나누게 하여 아이들이 스스로 행동할 수 있도록 이끈다.

셋째, 노인 공경을 통해 약자의 마음을 이해하게 한다.

노인의 고충을 모르는 사람은 대부분 약자의 아픔을 모른다는 공통점이 있다. 센터에서는 '동네 노인들에게 인사하기'와 '노인의 짐 들어드리기' 교육을 하고 있다. 이를 통해 아이들은 노인을 공경하는 마음을 갖게 되고 힘없는 약자의 마음을 이해하게 된다.

넷째, 배려를 통해 사랑을 배운다.

센터의 아이들은 좁은 공간에서 식사해야 하지만 전혀 혼란스럽지 않다. '줄을 잘 서는 것이 다른 아이들을 사랑하는 방법'이라는 교육을 받았기 때문이다. 센터의 점심시간에는 세 가지 원칙이 있다. 내가 먹을 수 있는 만큼만 음식을 담고, 담은 음식은 남기지 않고 먹는다. 모든 아이가 앉기 전에 식사를 시작하지 않는다. 모두 앉으면 그때야 감사 기도를 한다. 아이들은 서로를 배려하며 이 규칙을 지켜가고 있다.

다섯째, 봉사를 통해 현재를 감사하게 된다.

센터의 아이들은 한 달에 한 번 지적 장애인들이 모여 있는 곳을 방문해 거동이 불편한 아이와 어른들을 돌봐주는 일을 한다. 봉사활동을 통해 아이들은 '나는 분명 가난하지만 스스로 움직일 수 있기에 더 나은 미래를 꿈꿀 수 있다'는 생각을 하며 현재에 감사하는 마음을 갖는다.

여섯째, 가능성 교육을 통해 톤도를 변화시키겠다는 사명감을 느끼도록 한다.

'우리는 가난에서 벗어날 수 없을 거야' '아무리 공부해도 소용없어' 같은 생각을 하지 않도록 어떤 악조건에서도 가능성을 발견하는 습관을 지니도록 교육한다. 가능성 교육은 아이들이 자신이 처한 환경의 특징을 제대로 파악하고, 그 환경을 변화시켜야겠다는 마음을 갖는 것이다. 예를 들어 톤도의 물 부족 현상이 왜 일어나는지 알려주고 현장답사와 토론을 통해 앞으로 어떻게 이 문제를 해결해야 할지 생각하게 하는 것이다.

일곱째, 베풂을 통해 함께하는 법을 가르친다.

우리나라 아이들은 친구를 경쟁상대로 생각한다. 하지만 이 세상은 누군가의 도움이 없이는 살아가기 힘든 법. 다른 사람의 도움을 받기 위해서는 나도 베풀어야 한다. 센터에서는 남을 돕는 일이 내가 손해를 보는 것처럼 생각되지만, 인생을 길게 놓고 보면 가장 현명한 행동이라는 것을 강조한다.

여덟째, 청결 교육을 통해 나를 사랑하게 한다.

톤도 아이들의 옷은 필리핀 중산층이 입다 버린 것을 쓰레기더미에서 찾은 것들이다. 김숙향 교사는 이런 옷이라도 깨끗하게 빨아서 단정하게 입고 다니도록 교육했다. 그래서 톤도의 부모들은 등교하는 아이들에게 최대한 깨끗한 옷을 입히기 위해 노력한다. 부모의 마음을 안 아이들은 자연스레 자신을 귀하게 생각하게 되었다. 자신을 청결하게 가꾸면서 자기 자신을 사랑하는 방법을 알게 된 것이다.

아홉째, 언어 교육을 통해 올바른 사람으로 성장하게 한다.

험한 환경에서 자라는 톤도 아이들은 태어남과 동시에 욕을 배운다. 센터의 교사들은 아이가 욕을 한 순간을 놓치지 않고 바로 아이를 불러 "네가 방금 한 것은 욕이야"라고 말해주면서 스스로 고칠 수 있도록 한다. 나쁜 언어 습관은 빨리 고치는 것이 좋다.

열째, 인내 교육을 통해 기다림의 시간이 중요하다는 것을 알게 한다.

톤도의 교사는 아이에게 인내 교육을 하기 전에 수업시간에 자신이 먼저 인내하는 모습을 보여준다. 수업시간에 아이들이 싸워도 당황하거나 화내지 않고 "네가 화난 이유는 뭐니?" "너와 다툰 아이의 마음은 어땠을까?" 하는 질문을 하며 스스로 반성하게 한다. 이 과정을 통해 아이는 어떤 상황을 전체적으로 조망하고 심사숙고하는 법을 배운다.

열한째, 효孝 교육을 통해 더 나은 미래를 꿈꾸도록 한다.

'가난은 부모의 잘못이 아니라는 것'을 가르친다. 그리고 부모가 이 정도밖에 못 해주는 것에 비관하거나 불평하지 말고 '주어진 것에 감사하라'고 교육한다. 가난하고 불우한 환경에서도 부모에게 효도하며 성장한 위인들의 이야기도 많이 들려준다. 교육을 통해 아이들은 부모와 환경을 탓하기보다 각자의 노력으로 모든 것을 극복할 수 있다는 믿음을 지니게 된다.

이런 가치관 교육은 톤도에 엄청난 변화를 가져왔다. 일례로 공부를 싫어하고 아이들과 잘 지내지 못했던 베네딕트는 가치관 교육을 통해 자신을 사랑하는 법을 배우고 세상에 도움이 될 만한 일을 찾게 되었다. 베네딕트는 다시 공부를 시작해 중상위권 대학에 입학했고, 졸업 후 센터로 돌아와 아이들을 가르치는 일을 하고 있다. 또 한 명, 교실을 난장판으로 만드는 아이가 있었다. 거친 성격 때문에 집에서도 포기했던 이 아이는 폭력과 절도, 가출 등을 일삼았다. 그러나 이 아이 또한 가치관 교육을 받으면서 극적으로 변했다. 더 이상 나쁜 행동도 하지 않고 학교 수업에 집중하기 시작했다.

아이들의 변화를 본 부모들도 변화했다. 말썽만 부리던 아이가 변화된 모습을 보이니 매일 술만 마시고 주정하던 아버지가 '가장인 내가 이렇게 살아선 안 되겠다'는 반성을 하고 아버지 모임에 나오게 되었다. 꿈이 없는 엄마들, 도박중독에 빠진 엄마들도 어머니 모임에 나와 '훌륭한 인격을 가진 아이로 키우는 방법'에 대해 열띤 토론을 하고 있다.

만약 김숙향 교사가 가치관 교육을 하지 않았다면, 그저 공부를 잘 가르쳐서 좋은 대학에 보내는 것을 목표로 삼았으면 어떻게 되었을까? 아마 아이들과 부모의 이런 변화는 없었을 것이다. 더 나아가 어느 누구도 톤도가 달라질 수 있다는 희망을 품지 못했을 것이다. 아이들은 가난에 찌든 톤도를 탈출하는 것을 인생의 유일한 목표로 삼지 않았을까 싶다. 톤도 교육센터의 가치관 교육은 인문학 교육과 여러 가지 면에서 일맥상통한다. 지식을 많이 알게 하는 것보다는 한 사람을 행복하게 살 수 있도록 하는 것을 진정한 교육으로 여기는 것이다.

마지막으로 아이들을 훌륭한 인격을 가진 아이로 키우기 위한 김숙향 교사의 제안으로 마무리하고자 한다. 김숙향 교사는 아이가 잘 성장하기를 바라는 부모라면 다음의 7가지 자세를 갖춰야 한다고 했다.

1. 무엇보다 부모가 성실하게 살아야 한다.
2. 아이를 향한 부모의 사랑과 책임감이 충만해야 한다.
3. 언제나 온화한 표정으로 아이를 대해야 한다.
4. 무슨 일이 있어도 정도를 걸어야 한다.
5. 평생 오점을 남기지 말고 깨끗하게 살아야 한다.
6. 남에게 피해를 주지 말아야 한다.
7. 남을 험담하지 말고, 긍정적인 부분을 보며 말해야 한다.

인문학 교육은 실천이다

나는 초등학교 교사를 양성하는 교육대학교에서 모두를 불행하게 만드는 교육의 실체를 보았다. 교육대학교에 다니면서 느낀 점은 대학이 취직 준비를 하는 사설학원 같다는 것이었다. 자질을 갖춘 선생님을 길러내는 교육이 아니라 중고등학교 때와 마찬가지로 또 다른 입시 기술을 가르치고 있다. 교육개혁을 위해서는 교사를 키워내는 교육대학과 사범대학의 개혁이 있어야 한다.

나는 또 교무실과 교장실에서 모두를 불행하게 만드는 교육을 보았다. 행복한 교육은 행복한 교사를 통해서만 가능하다. 인간적인 교육도 마찬가지다. 그러나 우리 교육의 행정 시스템은 교사를 곧잘 힘들게 만든다. 핀란드 교육에서는 교사와 학교의 전문성과 자율성이 존중된다.

교육과 관련한 거의 모든 권한은 일선 학교에 있고 정부는 교육이 잘되도록 도와주는 역할만 맡는다. 당연히 교과서 검정도 없고 장학사같이 학교와 교사를 감찰하는 사람도 없다. 교사의 역량은 오로지 아이들 교육에 집중돼야 하는데 우리 교육의 현실은 그렇지 못하다.

나는 교실에서 모두를 불행하게 만드는 교육을 보았다. 밤늦게까지 학원 숙제하느라 수업시간에는 졸고, 친구를 경쟁상대로 보고 경계하는 아이들에게서 희망을 볼 수 없었다. 나는 이런 환경 속에서 인문학적 질문을 던졌다.

'어떻게 하면 나도, 아이들도 행복해질 수 있을 것인가?'

현재의 교육제도를 버려야 한다는 답이 나왔다. 그래서 교사 생활을 하는 동안 나의 교실에서만큼은 쓰레기 교육을 없애버렸다. 인문학은 실천이라고 믿었기 때문이다. 그러자 이런 실천 방안이 나왔다.

1. 아이들을 놀게 해야 한다.
2. 아이들 말을 잘 들어주어야 한다.
3. 아이들에게 생각하는 기쁨을 알려주어야 한다.

초등학교 교사가 된 나는 아이들을 놀게 하려고 아이들에게 '3잘' 숙제를 내주었다. '잘 놀고, 잘 자고, 잘 먹기'였다. 학교에서 조는 아이는 '잘 자기' 숙제를 안 했기 때문에 혼났다. 집에서 못 놀았다고 하는 아이도 숙제를 안 한 것이 되었다. 3잘 숙제를 내주고 다음 날 숙제 검사를 하면 움찔하는 아이들이 많았다. 나는 3잘 숙제를 여러 번 빼먹은 아이 부모에게 전화를 걸었다.

"○○가 요즘 숙제를 안 해오네요. 왜 숙제를 안 시키시나요? 과외 좀 그만 시키세요. 아이 학교 성적 떨어집니다."

이렇게 하니 엄마들이 처음에는 당황하다가 그다음부터는 숙제를 잘 해왔다. 방학 때는 "『탐구생활』은 읽어보기만 하고 깨끗하게 가져오라"고 숙제를 내주었다. 그 전에는 방학 끝나고 아이들이 가져온 『탐구생활』을 보면 휘황찬란했다. 엄마와 사교육 전문가가 『탐구생활』을 빼곡히 채워주었다. 나는 『탐구생활』에 뭔가 적어오는 사람에게 오히려 낮은 점수를 줄 것이라 엄포를 놓았다. 보여주기 식 숙제는 아무 소용이 없기 때문이다. 아이들은 놀게 해야 가슴이 뛰기 시작한다. 가슴이 열려야 머리가 열리고 공부에 흥미를 느끼게 된다.

아이들의 이야기를 잘 들어주기 위해 '피노키오 상담실'을 만들기도 했다. 학교에서 따로 공간을 내주지 않았기 때문에 내가 담임으로 있는 교실을 사용했다. 상담실 이름을 고민하던 중 교직 생활을 하는 동안 항상 내 가슴에 있던 캐릭터가 떠올랐다. 피노키오였다. 나무인형 피노키오는 사람들 사이에서 살기가 얼마나 힘들었을까? 사람들은 나무인형을 이해하지 못하고, 나무인형 역시 사람들을 이해하지 못했다. 나는 교직 사회의 피노키오였고, 아이들 중에도 피노키오가 있었다. 그래서 편하게 들어와 자신의 고민을 이야기하라고 '피노키오 상담실'이라 이름 붙인 것이다.

　상담실은 문을 열자마자 문전성시를 이루었다. 아이들에게 아픔이 이렇게 많았나 싶을 정도로 다양한 아이들을 만났다. 내가 해준 것은 아이들 이야기를 끊지 않고 처음부터 끝까지 들어준 것뿐이었다. 아이들은 이야기하고 싶어 한다. 어른들이 자신의 이야기를 들어주지 않아서 무척 답답해한다. 이것은 어른들도 마찬가지 아닐까? 그래서 선생님이나 부모가 계속해서 '언제든지 네 말을 들어줄 준비가 되어 있다'는 신호를 보내야 한다. "공부 때문에 죽고 싶어요" "엄마 때문에 힘들어요"라며 울상을 짓던 아이들이 터놓고 대화를 하고 나면 웃으며 상담실을 나간다. 누군가 자신의 이야기를 들어주는 것만으로 스스로 치유되기 때문이다.

　생각하기 수업을 통해 아이들에게 생각하는 기쁨을 알게 해주기 위해 노력했다. 교과서 내용을 쭉 설명해준 다음 아이들에게 필기를 시키고 문제를 풀게 하는 수업이 아니라 아이들의 생각을 묻는 수업을 진행하였다.

　"삼각형이 왜 이렇게 생겼다고 생각하니?"

　처음에는 '뭔 소리야?' 하는 표정으로 멀뚱멀뚱 나를 쳐다보던 아이들이 질문에 대한 답을 찾기 위해 '생각'하기 시작했다. 한 아이가 발표하면 그 내용이 어떻든 칭찬을 해주니 너도나도 자기 생각을 이야기했다. 틀린 생각도 없고, 잘못된 생각도 없고 그저 떠오르는 대로 이야기하게 한 것이다. 아이들은 생각하는 재미를 알아가면서 생각이 깊어졌다. 그리고 나니 시키지 않아도 질문을 하기 시작했다.

"삼각형의 넓이 구하는 공식이 왜 이렇게 나와야 하나요?"

나는 아이들의 질문에 즉시 답을 찾아주려고 하기보다는 아이들이 더 생각해볼 수 있게 했다. 그러면 아이들이 온갖 방법으로 생각하고 자신만의 공식을 만들기도 하면서 자연스레 삼각형의 넓이 구하는 공식을 알아갔다. 주입식으로 공식을 외우는 것이 아니라 생각하며 깨우치는 것이었다. 인문학을 공부하고 실천하다 보니 나도 모르게 선진 교육 시스템에 접근해 있었다.

많은 부모가 "아이들이 책을 잘 읽게 하려면 어떻게 해야 하나요?" 하는 질문을 많이 한다. 이 질문에 대한 내 대답은 간단하다.

"부모가 책을 읽으면서 너무너무 기뻐하는 모습을 보여주면 됩니다."

나는 쉬는 시간에 아이들이 나가서 놀면 책을 읽었다. 쉬는 시간 10분 중 내가 책을 읽는 데 집중할 수 있는 시간은 3분에서 5분에 불과했다. 그 시간 동안 집중해서 책을 읽었다. 내 모습을 교실에서 놀고 있는 아이들과 놀다가 일찍 들어온 아이들이 보았다. 그러면 아이들도 책을 꺼내 읽는다. '선생님은 왜 책을 좋아하는 걸까?' 신기해하면서 자기들도 책 읽는 기쁨을 느끼고 싶어 하는 것이다. 학기 초에는 쉬는 시간마다 나가서 놀던 아이들이 학기 말이 되면 나가서 놀라고 해도 앉아서 즐겁게 책을 읽는다. 백 마디 말보다 한 번의 실천이 아이들의 마음을 움직이는 것이다.

아이들은 따라 배우는 존재이다.
초등학교 교사를 할 때 아침에 어린이신문을 두 손으로 들고 보는 아이를 살펴보니
아빠가 매일 같은 모습으로 신문을 읽고 계셨다.
말과 태도 역시 부모의 영향을 받는다.
초등학교 2, 3학년인데도 멋있는 말을 하는 아이가 있었다.
아이의 엄마를 만나보니 엄마가 평소에 문학작품을 즐겨 읽고 있었다.
이처럼 부모가 보여주는 삶의 태도가 바로 교육이다.
부모의 삶의 태도는 100퍼센트 아이에게 유전된다.
진정한 교육은 아이의 본성에 영향을 미쳐 아이를 변화시키는 것이다.

PART 2

부모의 수준이 아이의 미래를 결정한다
부모를 위한 인문학

나는 부모 자격이 있는가?

아이에게 인문학 교육을 하기 전에 먼저 점검해봐야 할 것이 있다. 부모인 나에게 과연 아이 교육을 할 수 있는 기본적인 자격이 있느냐 하는 점이다. 내가 어떤 사람을 교육한다고 할 때 내가 모르는 지식은 배워서 가르칠 수 있다. 그런데 내 삶의 태도가 부정적이면 제대로 된 교육을 할 수 없다. 『논어論語』와 플라톤을 가르치면서 목이 터지라 삶의 가치와 정신적 성장에 대한 이야기를 해놓고는 쉬는 시간이나 일상생활에서 툭하면 한숨 쉬고 짜증 내는 모습을 보여준다면 아이들은 무엇을 배우겠는가? 『논어』와 플라톤은 까맣게 잊고 한숨 쉬고 짜증 내는 모습을 따라 할 것이다.

아이들은 따라 배우는 존재이다. 초등학교 교사를 할 때 아침에 어린

이신문을 두 손으로 들고 보는 아이를 살펴보니 아빠가 매일 같은 모습으로 신문을 읽고 계셨다. 아빠가 집에서 신문을 보는 모습을 보고 따라 배운 것이다. 말과 태도 역시 부모의 영향을 받는다. 초등학교 2, 3학년인데도 멋있는 말을 하는 아이들이 있었다. 자신감 없는 친구에게 "머뭇거리지 말고 시작해봐"라고 이야기하는 아이를 신기하게 바라보았던 적이 있다. 어느 3학년 여자아이의 말을 듣고 깜짝 놀라기도 했다.

"인생은 도전하는 거야. 그래야 후회가 없어. 네 마음을 표현하는 데 스스로 한계를 느끼면 안 돼."

문학작품에서나 나올 법할 이야기를 하는 것이었다. 그 아이의 엄마를 만나보니 역시 엄마가 문학작품을 즐겨 읽고 있었다. 이처럼 부모가 보여주는 삶의 태도가 바로 교육이다. 부모의 삶의 태도는 100퍼센트 아이에게 유전된다. 진정한 교육은 아이의 본성에 영향을 미쳐 아이를 변화시키는 것이다.

아이들에게 인문학을 가르치기 위해서는 부모가 인문학적 사고 능력을 갖춰야 한다. 인문학적 사고 능력이란 나를 바라보고 세상의 흐름을 바라보는 능력이다. 비판적 사고 능력, 본질을 꿰뚫는 능력이라 할 수 있다. 그런데 우리는 비판과 비난을 자주 혼동하곤 한다. 자신은 비판한다고 했지만 알고 보면 비난인 경우가 많고, 상대방을 깎아내리고 잘못을 지적하는 것을 비판이라 생각하는 사람도 많다. 우리가 가진 비판에 대한 생각은 부정적이다. 독서토론에서 내 의견에 대한 비판을 들었을 때 '저분이 나를 더 크게 성장시키려고 하는구나!' 이렇게 생각하는 경우는 많지 않다. 그래서 비판할 것이 있어도 입을 다물고 조용히 있고, 비판을 받고 크게 화를 내기도 한다.

진정한 비판은 가슴을 뻥 뚫리게 한다. 자신이 미처 생각하지 못했던 것에 대해 비판받았을 때 기분이 나쁘기보다는 '아, 내가 그 점을 놓치고 있었구나!' 하는 깨달음을 얻게 되면 가슴이 시원해지면서 기쁨을 느끼게 된다. 공자는 제자들이 자신의 의견에 대해 무조건 "네" "맞습니다" 답하는 것을 좋아하지 않았다. 오히려 논리적인 비판을 하면 좋아했다. 자신의 의견에 대해 누군가 묻거나 반론을 제기하면 자기 생각의 폭을 넓히는 데 도움이 되기 때문이다. 이것이 비판적인 사고이다.

비판적 사고 능력의 근원은 자존감이다. 즉 자존감 높은 부모가 아이 교육을 잘할 수 있다. 인문학 교육뿐 아니라 아이를 키우는 전 과정에서 부모의 자존감은 무척 중요하다. 자존감은 자신을 사랑하는 마음이다. '나밖에 모르는' 이기심과 다르고, '나는 할 수 있다'는 자신감과도 다르다. 그대로의 나를 인정해주고 믿어주는 것이 바로 자존감이다. 안타깝게도 우리나라 부모들의 자존감은 그리 높지 않다.

예를 들어보자. 아이가 중간고사에서는 평균 90점을 받았는데 기말고사에서 70점을 받았다면 어떤 상황이 벌어질까? 많은 부모님이 당황하고 황당해하지 않을까 싶다. 어떤 집은 초상집이 되고 또 어떤 집에서는 아이를 혼내고 '학원을 바꾼다' '과외 선생을 바꾼다'며 난리가 날 것이다. 왜 이런 일이 생기는가? 부모의 자존감이 낮기 때문이다. 자존감이 낮은 사람들은 자신을 재산이나 사회적 지위로 평가하고 다른 사람들에게도 같은 잣대를 들이댄다. 내적 평가가 아니라 외적 평가를 중시하는 것이다. 아이에 대한 정은 둘째가라면 서러울 정도이지만 내 아이가 공부를 못한다 하면 걱정이 이만저만이 아니다.

이런 부모의 반응을 접한 아이의 마음은 어떨까? 불안과 두려움을 갖게 된다.

'내가 앞으로 잘 살 수 있을까?'

'좋은 대학 못 가서 평생 나쁜 직업을 갖고 비참하게 살게 되지는 않을까?'

불안과 두려움은 필연적으로 열등감으로 연결된다. 열등감에 시달리는 아이가 책 몇 권 읽는다고 달라질 것인가? 인문학 교육의 목적은 아이가 세상을 주체적으로 살아가게 하는 것인데 말이다. 열등감이 많은 아이는 항상 누군가의 지시를 받아야 한다. 노예나 기계처럼 시키는 대로 해야 마음이 편해진다. 사회에 나가서는 일 중독에 빠지기 쉽다. 일 중독은 자기 내면의 뭔가 풀리지 않는 문제를 일로 풀어내려 하는 것이다. 일을 우상으로 섬기고 있는 것으로, 알고 보면 비참하다. 일을 잘하면 칭찬받기 때문에 어렸을 때부터 쌓아온 열등감을 일 중독으로 해소하는 것으로 볼 수 있다.

부모가 부모 자신을 인정하고 받아들이고 사랑한다면, 부모가 아이에게 그런 능력을 물려주었다면 아이는 열등감을 느끼지 않는다. 아이의 성적이 떨어졌을 때 자존감 높은 부모는 이렇게 이야기해준다.

"시험 성적은 네 인생에서 어떤 결정적인 성공과 실패의 근거가 될 수 없어. 네가 마음먹기에 따라서 얼마든지 성공할 수 있어."

그냥 위로하는 말이 아니라 이것이 부모의 진심이고 가치관이라면 아이는 성적이 떨어지더라도 자존감을 느낀다. 자존감이 있으면 사회에 나가 직장 생활을 하더라도 상사의 눈치를 보지 않고 자신의 내적 동기로 일하게 된다. 부모의 자존감 문제는 아이에게 불행한 삶을 선물할 것이냐 행복한 삶을 선물할 것이냐와 연결이 된다.

나는 자존감이 바닥이었다. 여동생은 공부를 잘했지만 나는 항상 반에서 중하위권이었다. 대학 때도 공부를 안 하다 보니 학점이 바닥이었고 항상 여동생과 비교당했다. 여동생은 집에서 칭찬받고 우리 집의 태양으로 떠받들어지며 자신감이 하늘을 찔렀다. 고3 때 전교 1등에 수능 성적이 전국 최상위권에 있었던 여동생은 대학생인 나에게 종종 이렇게 충고하곤 했다.

"오빠 정신 좀 차려. 장남이 매일 얼빠진 얼굴로 있어. 20대가 눈이 반짝반짝 빛나야지 그게 뭐야."

학교에 가면 여자 동기들이 내 열등감을 더 부추겼다. 당시 지방 교대는 여학생은 반에서 최소 5등 안에 들어야 붙을 수 있었지만, 남학생은 반에서 20등 정도면 합격했다. 남교사와 여교사의 비율을 맞추기 위해 합격생 수를 조절했기 때문이었는데 그래서 전반적으로 여학생들이 남학생보다 성적이 좋았다. 하루는 엠티를 갔는데 술에 취한 한 여자 동기가 펑펑 울면서 나에게 다짜고짜 이렇게 이야기했다.

"나는 반에서 1등 해서 이대 갈 줄 알았는데 집안 형편이 어려워 교대 와서 너 같은 애들이랑 있다니 정말 한심하다."

이런 것들이 내 안에 상처로 남았다. 열등감은 살아가는 데 있어서 자신을 제한하는 강력한 걸림돌이 되기 때문에 자존감을 키워서 내 안의 열등감을 몰아내야 한다. 그러기 위해서는 그동안 나를 규정해왔던 것, 나를 인정해왔던 것에 대한 인식을 버려야 한다. 직업이 뭐네, 집이 몇 평이네, 자동차가 뭐네 하는, 내 어깨를 으쓱하게 했던 것들이 사실은 아무것도 아님을 깨달아야 한다. 나를 있는 그 자체로 사랑할 수 있어야 한다. 내가 나를 존중하고 나 자신과 평화롭고 아름다운 관계를 맺을 수 있을 때 아이에게도 가르쳐줄 수 있다. 부모의 자격 중 첫 번째는 자존감이다.

교육은 교사의 질을 뛰어넘을 수 없다. 내 마음의 상태가 그대로 자녀 교육이 된다. 내가 자존감을 가지고 스스로 설 때 내 아이도 자존감을 가지고 스스로 서는 방법을 배우게 된다. 내가 자존감을 가지고 있을 때 강남 엄마들의 입시 정보에 휘둘리지 않게 되고 좋은 대학에 가는 것보다 더 중요한 것이 있다는 사실을 깨닫게 된다. 좋은 대학에 들어가도 대학을 목적으로 삼는 것이 아니라 삶의 여러 계단 중 하나 정도로 받아들이는 여유를 갖게 된다. 우리가 아이에게 주어야 할 단 하나의 교육이 있다면 그것은 아이에게 인간적으로 행복한 삶을 살 수 있는 능력을 길러주는 것이다. 이를 위해 필요한 것이 자존감 교육이다. 자존감이 없다면 그 어떤 인문 교육도 허사가 될 뿐이기 때문이다.

부모의 자존감 회복부터

독서·강연

 그렇다면 자존감을 높이기 위해서는 어떻게 해야 할까? 자존감을 높여서 나도 행복해지고 아이도 잘 키우려면 어떻게 해야 할까? 어떤 사람은 '자존감은 어릴 때 키우는 것이지 어른이 자존감을 키운다는 게 과연 가능할까?' 궁금하기도 할 것이다. 나는 독서를 통해, 그것도 인문고전 독서를 통해 자존감을 키울 수 있다고 확신한다.

 인문고전은 우리의 말초신경을 자극하는 내용이 아니라 인간의 본성은 어떤지, 나 자신을 어떻게 변화시켜야 하는지, 사회는 어떠해야 하는지 등 나를 일깨워주는 책들이다. 책을 읽기 위해서는 무조건 하루 1시간 이상 혼자 있는 시간을 확보해야 한다. TV나 스마트폰 보는 시간만 줄여도 충분할 것이다. 회사 일이나 다른 일에 바빠 시간을 내기 어렵다면 잠을 줄이는 결단도 필요하다. 투자 없이 삶의 변화를 바라는 것은 말도 안 되는 이야기다. 아이를 생각하며 나를 바꿔보자.

자기계발서와 인문고전을 읽어야 한다. 자기계발서는 마음을 불타게 하면서 끊임없이 자존감을 끌어올리도록 돕는다. 누구나 한 번쯤 자기계발서를 읽으면서 의욕이 샘솟았던 경험을 해보았을 것이다. 자기계발서는 '너는 대단하다' '너는 할 수 있다'며 용기를 북돋는다. 지금까지 받아왔던 교육과는 정면으로 배치되는 이야기다. 자기계발서를 접하지 않고 인문고전으로 들어가면 어려움을 겪는 사람들이 많다.

자기계발서를 읽을 때는 자존감이 형성될 때까지 계속 읽어야 한다. 열등감이 많았던 나는 1000권쯤 읽으니 자존감이 생기고 2000권 읽으니 다른 사람이 되어 있었다. 운동할 때도 매일 훈련을 해야 몸이 단단해지는 것처럼 자존감이라는 정신적 독립을 위해서도 매일 좋은 책을 읽어줘야 한다. 강아지를 키울 때도 매일 밥을 주고 돌봐야 하는데 하물며 자기 자신을 키운다면서 책 몇 권 읽다가 '아무 변화 없네' 하고 휙 집어 던지는 것은 어리석은 일이다. 자존감이 생길 때까지 자기계발서를 읽는 것이 힘들다면 내 안에 나를 변화시킬 수 있다는 신념이 생길 때까지는 읽어야 한다.

신념이 생기고 지혜로운 존재가 되면 자기 자신이 그대로 자기계발서가 된다. 내가 나 자신을 바꿔봤으니까 다른 사람들한테 조언해줄 것도 생긴다. 과연 부모로서 아이에게 어떤 이야기를 들려주고 싶은가?

"엄마·아빠는 그렇게 하지 못했지만, 넌 지금부터 노력하면 얼마든지 꿈을 이룰 수 있어. 세상에 나쁜 제도들이 많지만, 그 제도를 바꾸기 위해 사람이 있는 거야. 너는 할 수 있어."

이런 이야기를 들려줘야 하지 않겠는가. 이것이 책을 읽어서 나 자신을 변화시켜야 할 이유다. 자기계발서를 읽을 때는 아름다운 이기주의자가 되자. 주변에서 뭐라고 하던 독서에 푹 빠져보자. 내가 나를 성장시키면 주변 사람들이 찾아오게 되어 있다.

인문고전은 『논어』와 플라톤의 '대화편'부터 시작하면 좋다. 『논어』와 플라톤을 읽으면 기본적으로 다른 인문고전을 읽을 능력이 생긴다. 『논어』는 2~3줄로 되어 있고 내용도 쉬워 부담 없이 시작할 수 있다. 플라톤의 '대화편'도 마찬가지다. 소크라테스가 축제에 갔다 오면서 혹은 길을 가며 나눈 대화를 담고 있다. 인류의 지혜가 담긴 철학책인데 가벼운 분위기에서 시작하니 재미있게 읽을 수 있다. 자존감이 높아진 상태에서 이런 책들을 읽기 시작하면 공자의 뜨거운 가슴이 느껴지고, 소크라테스의 열정이 느껴진다. 두 사람 모두 자기 자신은 물론이고 세상을 변화시키고 싶어서 안절부절못했구나 하는 생각에 내 가슴도 뜨거워진다.

『논어』는 '어떤 삶을 살고 어떤 관계를 맺을 것인가' '정치·경제에 대해 어떤 생각을 가질 것인가' '부를 어떻게 추구할 것인가'라는 삶의 문제에 대해 이야기하고 있다. 반대로 플라톤의 '대화편'에 나오는 소크라테스의 핵심 메시지는 '어떻게 죽을 것인가'이다. 소크라테스는

"인문학은 죽음을 준비하는 학문"이라고 했다. 자존감을 가지고 이 책들을 읽으면 인생을 사는 데 휘둘리지 않고 당당하게 살 수 있다. 정리해보면 이렇다.

'내가 분명히 죽는다는 사실을 깨닫고 후회 없는 인생을 살아야 한다. 공자처럼 삶을 개척해나가자.'

인문고전을 읽으면 저자들이 자신을 세우려고 얼마나 노력했는지 느껴진다. 그리고 그들과의 인간적인 만남이 시작된다. 그들이 하늘의 별 같은 존재가 아니라 나와 똑같은 사람이었다는 것을 아는 것만으로도 변화가 이루어진다. '나와 똑같은 사람이었는데 삶의 태도를 위대하게 가졌기 때문에 위대한 사람이 된 것이다.' 이것을 경험했을 때 내 아이와도 인간적인 만남을 할 수 있게 된다.

인문고전은 초점을 감각적인 속세에서 자기 자신의 내면으로 향하게 하고, 자기계발서와 다른 방식으로 자존감을 갖게 한다. 그리고 세상의 사건들에 대해 본질적인 관점, 즉 비판적인 사고를 추구하게 만든다. 주체적으로 사고하고 행동할 수 있게 해주는 것이다. 이를 인문학적 사고 능력이라고 하는데 이 능력으로 우리나라 교육과 강남식 사교육 그리고 아이의 미래를 바라보면, 아마도 자기만의 답을 찾게 될 것이다. 물론 그 답은 현행 교육을 뛰어넘는 무엇이어야지 단순한 도피가 되어서는 안 될 것이다.

책을 읽을 때는 뜯어먹을 듯이 읽기를 권한다. 어떤 책이 너무 좋으면 밑줄 치면서 읽고, 그 옆에 자신의 의견도 빼곡히 쓰고, 심지어는 찢어 가지고 다니면서 보고 또 보고 하지 않는가. 그렇게 읽어 책이 너덜너덜해지면 새 책을 또 사면 된다. 밥은 똑같은 밥 매일 먹으면서 책은 같은 책 여러 권 사면 안 된다는 법이 있는가. 우리나라 사람들은 책을 너무 애지중지한다. 책을 귀하게 여기는 마음은 좋지만 모셔놓지만 말고 마음껏 읽고 밑줄 치고 찢어서 가지고 다니면서 보고 버린 다음 또 사면 좋겠다. 책도 밥 같은 것이다. 책에 있는 지식이 내 머리와 가슴 속으로 들어와야 한다. 허기지면 또 먹을 수도 있다. 책 내용을 소화해서 내 것으로 만드는 것이 중요하다는 뜻이다.

인문고전 독서에 있어 무엇보다 중요한 것은 주입식이 되어서는 안 된다는 것이다. 오랜 세월 주입식 교육에 길든 우리지만 인문고전 독서를 하는 순간만큼은 내가 빛나고 살아 있고 깨어 있어야 한다. 인문고전을 읽다 보면 인문학의 인력이 너무 강력해서 나도 모르게 빠져들게 된다. 인문학을 하는 많은 사람이 칸트와 플라톤의 노예가 되어 내 이야기를 하지 못하고 평생 그 사람들 이야기만 하는 경우가 많다. 그래서 깨어 있어야 한다. 인문고전을 통해 나를 발견하고 내 이야기를 할 수 있어야 한다. 공자의 『논어』에서 내 안의 '인'을 발견하고 그 '인'을 실천하는 존재로 성장해야 하는데, 공자에 대해서는 술술 이야기가 나와도 내 세계가 없으면 불행한 인문학이다.

일주일에 한 번 이상 강의나 독서모임에 참여해야 한다. 이런 것을 해야 독서 습관을 유지해나갈 수 있다. 대부분의 CEO는 조찬강연회를 많이 한다. 우리가 잠에서 깨어 출근준비를 할 때 그들은 아침 일찍 만나서 샌드위치를 먹으며 강의를 듣고 출근하는 것이다. 어떤 CEO는 일주일에 네 번 조찬강연을 듣고 나머지 이틀은 독서토론 모임에 나갈 정도로 독서와 강의를 중요하게 여긴다. 그들은 강연을 들으면 자신이 깨어나는 느낌을 받는다고 이야기한다. 또 자신이 이렇게 하지 않으면 나태해지고 허물어지기 때문에 하루도 거를 수 없다고 한다. 정기적으로 모여 좋은 강의를 듣고 서로 자극을 받으며 결속력을 다지는 것이다.

어떤 유명 탤런트는 집에 특급 강사를 초빙해 아이와 함께 듣기도 한다. 그 바쁜 삼성 사장들도 전문가를 초청해 강의를 듣고 토론하는 것을 빼먹지 않는다. 우리가 몰라서 그렇지 이 세상을 움직이는 1퍼센트의 사람들이 중요시하는 것 중 하나가 독서와 강의이다. 또 잘나가는 기업일수록 직원들에게 끊임없이 강의를 듣게 한다. 구글에서는 다양한 강의를 마련해 직원들이 골라가면서 들을 수 있도록 하고 있다. 미국에서는 일반사람들이 유명 강사를 초빙하기 위해 돈을 모으기도 한다. 이것이 앞서가는 사람들의 문화다.

나는 지금도 인터넷을 통해 강의를 자주 듣는다. 인문고전과 관련한 유명 강사들의 강의를 듣는데 많이 들을 때는 하루 4~5시간을 듣기도 한다. 운전할 때도 듣고 지하철에서 스마트폰으로 보기도 한다. 강의는 주로 책의 저자들이 많이 한다. 보통 책에는 지식을 정제해서 쓰기 때문에 저자의 강의를 직접 들으면 책에 담기지 않은 지식을 접할 수 있어 좋다. 그런 면에서 책을 쓴 사람의 강의를 듣는 것이 진짜 독서라 할 수 있다.

인문학과 관련된 다큐멘터리 역시 많은 도움이 된다. 그런데 여기서 주의할 점이 있다. 치열하게 배운다는 자세로 다큐멘터리를 시청해야 한다. 이런 자세가 아니면 봐도 내 것이 안 된다. 드라마나 예능 프로그램처럼 그냥 눈으로만 보는 것이다. 나는 정말 좋은 다큐멘터리가 있으면 자막을 베껴서 쓴다. 그렇게 하면 책을 필사할 때처럼 내용을 더 잘 이해할 수 있게 된다.

TV를 끊고 책을 읽어라

시간 관리

 우리는 학교를 졸업하고 나면 '교육'이라는 두 글자와는 점점 멀어진다. 학창시절 질리게 공부했다는 이유로 '공부'와 인연을 끊은 사람도 많다. 10여 년간 학교 교육을 받으며 자존감이 망가질 대로 망가진 채로 사회에 나오는데 교육이나 공부와 인연을 끊고 사니 자존감을 회복시킬 기회가 없다. 게다가 틈이 날 때마다 습관적으로 TV를 틀기 때문에 자존감 회복의 길은 점점 멀어진다.
 해마다 발표되는 통계청 생활시간 조사 결과에 따르면 우리나라 사람들은 하루 평균 2~3시간씩 TV를 본다고 한다. 주말이나 휴일에는 시간이 더 늘어나 4~5시간을 TV 앞에서 생활하고 있다. TV가 사회의 학교, 성인들의 재교육장이 되는 셈이다. TV의 핵심은 진실을 보여주지 않는다는 것이다. 요즘 '리얼'을 표방하는 다수의 예능 프로그램이 있지만, 그것 역시 진실을 가장한 허구에 불과하다. 시청자들의 말초적인 재미를 만족시키기 위해 짜놓은 것이지, 진짜 인간의 모습을 보여주는 것은 아니다. 이런 것들을 계속 접하면 사람은 자신도 모르게 자존감을 상실하게 된다. TV를 볼수록 '나는 너무 초라하다'는 감정을 갖게 되기 때문이다.

TV의 본질을 인문학적으로 생각해보자. TV는 누군가에게는 생계 수단이고 또 다른 누군가에게는 성공의 수단이다. TV는 반드시 사람들의 시선을 끌어야만 한다. 한마디로 말초적인 감각을 얼마나 잘 자극하느냐에 따라 프로그램의 성패가 갈리고 먹고사는 문제와 부와 명예가 결정되는 것이다. TV를 켜는 순간 우리는 말초적인 감각의 세계로 빠져든다. 거짓된 세계와 접속하면서 우리는 끝없는 비교의식에 사로잡히게 된다.

이런 생활을 수십 년 이상 해 온 사람이 누군가를 제대로 교육하기란 불가능하다. 그 사람의 두뇌는 이미 감각적인 자극이 없으면 움직이지 못하게 되었기 때문이다. TV를 많이 보는 아이들의 정서 상태가 이를 증명한다. TV를 많이 보는 아이들은 대체로 공격적이고 충동적이다. 이는 무엇을 의미하는가. TV를 많이 보는 부모와 아이 사이에는 정상적인 관계가 형성되기 어렵다는 것이다.

우리는 TV에 나오는 연예인의 삶을 보면서 부러움을 느낀다. 자존감이 없는 사람의 경우 이 부러움은 내 삶에 대한 부정으로 이어진다. '저 사람은 멋지게 살고 있는데 나는 뭔가?' '쟤는 저렇게 예쁘고 날씬한데 나는 왜 이런가?' 등 TV를 보며 대리만족을 하는 것과 동시에 쓸데없는 열등감을 키우고 있다. 아내에게 이벤트를 해주는 남편, 영재 아이들, 성공한 아이돌 스타를 마냥 부러워하다 내 삶을 보면 갑갑할 수밖에 없다. TV의 조종에 따라 울고 웃으며 내 현실을 잊어버리고 엉뚱한 환상에 사로잡히게 된다.

아내가 예능 프로그램을 좋아해서 함께 볼 때가 있다. 예능 프로그램은 정말 재미있다. TV에 대해 비판적인 생각을 하는 나도 예능 프로그램에 빠져들면 생각 없이 웃고 즐기게 된다. 남자 연예인이 출연해 "아내에게 이렇게 잘해주고 있다"고 이야기하면 미안한 마음에 아내를 한 번 쳐다보게 되고, "남편이 술 먹고 늦게 들어와서 속상하다"는 여자 연예인 이야기에는 괜히 우쭐하게 된다. 내 아내를 있는 그대로 자존감을 가지고 사랑해야 하는데 나도 모르게 TV 출연자들과 나를 비교하게 된다.

연예인 집을 보면 초라한 내 집이 부끄러워지고, 요리하는 사람을 보면 저렇게 해야 할 것 같고, 맛집 소개를 보면 꼭 가봐야 할 것 같은 마음이 든다. TV가 사람의 마음을 편안하게 해주는 것이 아니라 불안하게 만드는 것이다. TV가 인간의 본성을 굉장히 격하게 만들고 있음을 느낀다. TV를 좋아하지 않는 내가 가끔 봐도 불안함을 느끼는데 TV를 좋아하고 많이 보는 사람들은 얼마나 심할 것인가.

TV 광고는 또 어떤가. 광고 역시 허구의 삶을 보여준다. 광고를 보면서 '인생을 바르게 살아야겠다'는 생각을 하는가. 나 자신을 되돌아보게 하는 광고는 없다. 끊임없이 인간의 허영심을 부추기면서 인간을 인간답지 않게 만든다. 광고에서 멋진 차가 나오면 갖고 싶고, 잘생긴 배우가 핸드폰 광고를 하면 내 핸드폰이 멀쩡한데도 바꾸고 싶어진다. 내가 가진 물건, 내가 사는 집을 바꾸면 나의 삶도 행복해질 것이라는 메시지를 계속해서 주입받고 있는 것이다.

TV가 말초적 재미만을 추구하다 보니 작가가 방송에 나가 인문학에 관한 이야기를 하면 아무런 반응이 없다. 시청률이 높은 프로그램에 나가도 작가가 이야기를 시작하면 순간 사회자도, 카메라맨도, 방청객도 조용해진다. 심지어 조는 사람도 있다. 우리가 자극에 익숙해져 있기 때문이다. 철학은 감각의 세계에서 진리의 세계로 인도하는 학문이다. 철학을 한다는 것은 본질에 깨어있고 말초적인 세계에서 벗어난다는 것인데 우리는 감각에만 깨어있어 본질을 놓칠 때가 많다.

물론 TV 프로그램 중에는 좋은 프로그램도 있다. 특히 교육방송에는 좋은 프로그램이 정말 많다. 하지만 과연 이 좋은 프로그램의 시청률은 얼마일까? 지난 수십 년 동안 당신이 본 좋은 프로그램의 시청 시간을 계산해보라. 아마 100시간도 넘지 못할 것이다. TV는 우리에게 '가짜' 삶을 사는 방법을 배우게 한다. 인간적인 삶에서 크게 멀어지게 한다. 이 때문에 부모에게는 TV를 버리거나 멀리하는 새로운 삶의 방식이 필요하다.

내가 이런 이야기를 하면 많은 사람이 "TV를 그냥 보면 되지 뭘 그렇게 피곤하게 생각하냐"며 불평하기도 한다. 그럼에도 불구하고 TV의 해악을 알리고 싶다. TV를 끄면 책을 읽게 되기 때문이다. 책을 읽어야만 생각을 하게 되고, 생각을 해야 자존감을 키울 수 있다. 가정에서 인문학 교육을 하려면 먼저 TV를 없애버리거나 시청을 제한하는 강력한 규칙이 있어야 한다.

사람은 때때로 공허감을 느끼는데 이 공허감을 채우려는 본성을 누구나 가지고 있다. 가장 손쉬운 방법이 TV이다. 그러나 TV가 사라지면 다른 것으로 시선을 돌리게 된다. 강연장·박물관·미술관을 찾아다니고 자연스럽게 책을 손에 들게 된다.

혹자는 "TV를 꺼도 스마트폰이 있지 않으냐"며 반론을 제기하기도 하는데 스마트폰 역시 TV와 같은 부작용을 갖고 있다. 그나마 스마트폰의 긍정적인 면은 기득권이 보여주지 않는 뉴스, 소수의 이야기를 쉽게 접할 수 있다는 것이다. 세상을 살아가는 또 다른 시각을 쉽게 접할 수 있지만, 이 또한 너무 많은 시간을 할애한다면 무익하다. 중요한 것은 책을 읽기 위해 시간을 확보하는 것이고, 진리의 세계로 가기 위해 감각적인 것들을 멀리하는 것이다.

영화도 인문학적으로

우리나라 사람들은 정말 영화를 많이 본다. 일주일이 멀다 하고 새로운 영화가 개봉되고, 그중 1000만 명이 넘는 관객이 본 영화도 심심치 않게 등장한다. 우리나라 인구가 5000만 명인데 그중 1000만 명이 봤다는 것은 전 인구의 5분의 1이 봤다는 것이다. 친구들을 만났을 때 유행하는 영화를 보지 않았으면 대화에 끼기 힘들 정도로 우리나라 사람들의 영화에 대한 관심은 대단하다.

그런데 영화에 열광하는 사람들을 보는 마음은 씁쓸하다. 왜냐면 영화를 많이 보는 이유 중 하나가 공허감이기 때문이다. 영화를 보면서 대리만족을 느끼며 자신의 열등감을 풀어버리는 것이다. 세계에서 영화를 가장 많이 보는 나라로 우리나라와 인도가 대표적이다. 인도의 경우 카스트제도에 대한 불만을 영화로 풀고 있다.

사람들은 주로 주인공에 몰입함으로써 자신의 공허감을 푼다. 영화를 보고 나서 주인공에 열광하는 사람들은 많지만, 조연이나 단역에 몰입하는 사람들은 많지 않다. 주인공 위주로 영화를 보면 영화에 대한 감상도 단순하게 남는다. 영화〈명량〉을 본 사람들의 감상은 대부분 어떤가? '이순신 장군 대단해' '너무 멋있어' 이런 수준에 그친다.

깊은 생각을 하기 위해서는 영화를 입체적으로 보는 노력이 필요하다. 쉬운 방법은 영화를 볼 때도 자존감을 기준 삼아 보는 것이다. 자존감이 있으면 주연이든 조연이든 상관이 없다. 주인공 입장뿐 아니라 주인공에게 죽임당한 사람, 주인공 옆에 서 있는 사람, 주인공과 갈등하는 사람 처지에서도 영화를 볼 수 있는 여유가 생긴다.

삼성그룹 이건희 회장은 어렸을 때부터 영화감상을 좋아했다고 한다. 그가 쓴 에세이 『생각 좀 하며 세상을 보자』를 보면 그의 입체적인 영화감상법이 나온다.

스스로를 조연이라 생각하면서 영화를 보면 아주 색다른 느낌을 받는다. 나아가 주연, 조연뿐 아니라 등장인물 각자의 처지에서 보면 영화에 나오는 모든 사람의 인생까지 느끼게 된다. 거기에 감독, 카메라맨의 자리에서까지 두루 생각하면서 보면 또 다른 감동을 맛볼 수 있다.

그저 생각 없이 화면만 보면 움직이는 그림에 불과하지만 이처럼 여러 각도에서 보면 한 편의 소설, 작은 세계를 보게 되는 것이다. 이런 식으로 영화를 보려면 처음에는 무척 힘들고 바쁘다. 그러나 그것이 습관으로 굳어지면 입체적으로 보고 입체적으로 생각하는 '사고의 틀'이 만들어진다.

예를 들어 영화 〈명량〉을 볼 때 '내가 그때 살았더라면 나는 과연 누구였을까?' 생각해보는 것이다. 또한 선조와 이순신을 둘러싼 시대적 배경도 함께 살펴볼 수 있다. 평온한 시대였다면 선조와 이순신이 대립할 이유가 없었을 것이다. 우리나라가 힘이 없었기 때문에 왕이 충신을 불신하고 옥에 가두고 고문하고 그로 인해 수많은 무고한 백성들이 목숨을 잃었다. 나라를 생각하는 왕과 신하가 서로 원수가 되는 상황을 만들지 않으려면 강력한 국가를 만들어야겠다는 생각을 해볼 수도 있다. 자존감을 기준으로 하나의 사건을 보게 되면 잘못을 저지른 사람도 이해할 수 있는 여유가 생긴다. 본질을 보게 되는 것이다. 이것이 인문학적인 영화 보기의 핵심이다.

프랑스 누벨바그를 이끈 영화감독 프랑수아 트뤼포가 이야기한 영화 감상법도 실천해볼 만하다. 그는 효과적인 영화감상법으로 "같은 영화를 두 번 이상 보고, 영화에 대한 글을 쓰고, 영화를 만들어보는 것"을 추천했다. 같은 영화를 여러 번 보게 되면 볼 때마다 새로운 느낌이 들게 된다. 처음 볼 때 보이지 않았던 부분이 두 번째 볼 때는 보이고, 두 번째 볼 때 이상하다고 생각했던 내용이 세 번째 보면 이해가 되기도 한다. 아이와 함께 영화를 볼 때도 여러 편의 영화를 감상하는 것보다는 한 편의 영화를 여러 번 보는 것이 영화를 깊이 있게 이해하는 방법이 될 수 있다.

영화를 본 다음에는 한 줄이라도 감상평을 써보게 한다. 처음에는 '재미있다' '슬펐다' 등 단순한 감상평을 쓰더라도 괜찮다. 아이의 감상평에 대해 "어느 부분이 재미있었어?" "만약 네가 주인공이었다면 어떤 선택을 했을까?" "엄마는 이 장면에서 눈물이 났는데 너는 어땠어?"라는 질문을 던져보자. 아이의 생각이 깊어지고 그 생각을 글로 표현하면서 감상평을 여러 번 쓰다 보면 글의 내용도 풍부해진다.

요즘은 스마트폰 애플리케이션을 이용해 손쉽게 동영상을 찍을 수 있다. 영화를 본 후 아이와 함께 영화와 관련된 짧은 동영상을 만들어보는 것도 좋다. 아이가 연기하고 엄마가 동영상을 찍거나 엄마와 아이가 함께 연기하는 장면을 찍을 수도 있다. 영화를 패러디해 아이의 생활이 담긴 영화도 만들어볼 수 있다. 짧은 동영상이라도 직접 만들어보면 영화와 친숙해지고 영화를 깊이 보게 된다.

TIP
영화 보며 역사 공부하기

아이들과 영화를 보는 또 하나의 방법은 역사적 사건을 배경으로 한 영화를 시대순으로 보는 것이다. 영화의 특성상 실제 역사적 사건을 다루더라도 극적 재미를 위해 허구의 이야기들이 가미되긴 하지만, 그 시대의 분위기를 고증으로 풀어내고 사실적으로 재현하는 데 많은 공을 들이기 때문에 사건에 대해 알 수 있는 좋은 계기가 된다. 영화를 본 후에 관련된 역사책을 찾아 읽으면 역사에 대해 깊게 이해할 수 있다(단 아이의 나이에 맞는 영화를 선정해서 보여주어야 한다).

우리나라 역사

- **〈황산벌〉** — 이준익 감독
삼국시대 신라의 김유신과 백제의 계백 장군이 벌인 황산벌 전투를 배경으로 한 영화.

- **〈관상〉** — 한재림 감독
15세기 수양대군이 왕위를 빼앗기 위해 일으킨 계유정난을 소재로 한 영화.

- **〈광해, 왕이 된 남자〉** — 추창민 감독
조선 15대 임금 광해가 왕위를 둘러싼 권력 다툼 속에서 왕권 강화를 위해 고군분투한 삶을 담은 영화.

- **〈불꽃처럼 나비처럼〉** — 김용균 감독
을미사변을 배경으로 명성황후와 호위무사의 가슴 아픈 사랑 이야기를 담은 영화. 허구이기는 하지만 명성황후와 흥선대원군의 갈등, 일본의 외압 등 시대상을 이해하기에는 충분하다.

- 〈가비〉 — 장윤현 감독

을미사변으로 명성황후가 시해되고 일본의 위협을 느낀 고종이 러시아 공사관으로 피신한 아관파천을 배경으로 한 영화.

- 〈YMCA 야구단〉 — 김현석 감독

을사늑약 체결 이후 당시 시대상을 잘 담은 영화. 과거제도가 폐지되자 방황하는 주인공, 의병활동을 하기 위해 집을 떠나는 사람, 을사늑약에 항거하여 자결하는 사람 등 역사적 사건이 개인의 삶에 미치는 영향을 생각해 볼 수 있다.

- 〈라듸오 데이즈〉 — 하기호 감독

1930년대 라디오 방송에서 조선 최초의 라디오 드라마를 만들어내는 과정을 코믹하게 담아냈다. 당시의 방송 문화를 알 수 있는 영화.

- 〈암살〉 — 최동훈 감독

일제강점기를 배경으로 한 영화로, 독립투사들의 활약상을 그리고 있다. 나라를 빼앗긴 민족의 설움, 나라를 되찾기 위한 목숨을 건 투혼 등을 느낄 수 있는 영화.

- 〈태극기 휘날리며〉 — 강제규 감독

6.25 전쟁을 배경으로 한 영화로, 한국전쟁과 전쟁으로 인해 개인의 삶이 파괴되는 모습을 잘 담았다. 가슴 아픈 우리 역사를 만날 수 있는 영화.

세계사

- 〈십계〉 — 세실 B 데밀 감독

B.C 1446년경 구약의 출애굽 사건을 소재로 한 영화.

- 〈클레오파트라〉 — 조지프 L. 맹키위츠

B.C 30년 악티움 해전을 배경으로 카이사르와 클레오파트라 여왕의 일대기를 담은 영화.

- 〈벤허〉 — 윌리엄 와일러 감독

A.D 30년경 로마의 이스라엘 지배와 기독교를 배경으로 한 영화.

- 〈글레디에이터〉 — 리들리 스콧 감독

A.D 177년경 로마 후기 게르만 정복전쟁을 배경으로 한 영화.

- 〈로빈 후드〉 — 케빈 레이놀즈 감독

11세기 십자군 전쟁을 배경으로 영웅 로빈 후드의 일대기를 그린 영화.

- 〈브레이브 하트〉 — 멜 깁슨 감독

13세기 말 스코틀랜드가 잉글랜드 왕의 폭정에 시달릴 때 저항군의 지도자가 된 윌리엄이 잉글랜드에 맞선 실화를 바탕으로 한 영화.

- 〈바람과 함께 사라지다〉 — 빅터 플레밍 감독

19세기 미국의 남북전쟁과 남부 사회의 모습을 담고 있는 영화. 노예제에 대한 문제 제기를 하고 있다.

- 〈닥터 지바고〉 — 데이비드 린 감독

1917년경 러시아 공산혁명을 배경으로 한 영화. 러시아 왕조의 몰락 과정과 공산주의 혁명에 대해 알 수 있다.

- 〈마지막 황제〉 — 베르나르도 베르톨루치 감독

청나라의 몰락과 만주사변 등 1906년에서 1950년까지 중국의 근대사를 알 수 있는 영화.

즐겨라, 내가 타 없어지지 않게

문학 · 예술

얼마 전에 아내와 함께 세계적인 첼리스트 미샤 마이스키 공연에 다녀왔다. 아내도 나도 참 바쁘게 살고 있지만, 시간을 내어 공연장을 찾은 이유는 그의 인터뷰 기사를 보고 마음이 동했기 때문이었다. "당신에게 음악이란 무엇입니까?"라는 질문에 그는 이렇게 대답했다.

"나에게 음악은 정의와 사랑입니다."

그다음 질문은 "사람들에게 무엇을 주고 싶냐"는 것이었다. 이 질문에 대한 대답도 걸작이었다.

"사랑하는 마음을 주고 싶습니다."

그의 인터뷰 기사를 읽는 내내 가슴에서 뜨거운 것이 느껴졌다. 그리고 마지막 답변 내용을 읽는 순간 바로 공연 티켓을 예매했다. "만약 당신에게 첼로를 연주하는 최고의 비법을 알려달라고 하면 어떤 훈련을 시킬 것인가?"라는 질문이었다. 그의 대답은 이랬다.

"방금 저의 첼로 연주를 듣지 않았습니까? 저는 방금 모든 교육을 끝냈습니다. 제가 사랑과 행복이 가득한 연주를 들려드리지 않았습니까? 사랑과 행복을 깨달으면 첼로 연주를 잘하게 됩니다."

어떤 특별한 교수법을 기대했던 기자와 독자들의 뒤통수를 때리는 답변이었다.

가슴 찐한 감동을 안고 그의 연주를 직접 듣기 위해 공연장으로 달려갔는데 의외로 생소하고 어려운 곡이 많이 연주되었다. 하지만 사랑과 정의를 이야기하는 세계적인 거장을 만났다는 생각에 마음은 뿌듯했다. 그리고 생각했다. '미샤 마이스키가 가지고 있는 사랑의 마음이 내게 좀 부족하구나. 더 배워야겠다.'

나는 이렇게 예술을 만나는 시간을 일부러 만들고 있다. 하루 24시간이 모자랄 정도로 바쁘게 살고 있지만, 인문학을 한다는 사람이 비인간적인 삶을 살게 될까 봐 시간을 쪼개 공연장을 찾는다. 문학과 예술을 자주 접하면 어떤 일이 일어날까? 나와 다른 사람을 이해하고 사랑하고 배려하는 마음이 생긴다. 마음이 넓어지고 타인에게 관대해진다. 문학과 예술에는 사람들이 추구하는 보편적인 가치가 담겨 있고, 말과 글로는 다 표현되지 않는 감정과 정서가 녹아 있기 때문이다. 예술가들이 표현하는 가치·감정·정서에 자주 접속할수록 나의 감정과 정서도 풍부해지고 타인과 함께 공동의 가치를 추구하는 일도 가능해진다. 또한

문학·예술을 통해 나 자신을 배려하고 나 자신을 존중하고 나 자신에 대해 알게 되면 저절로 내 아이도 잘 대하게 된다.

동서양의 역사를 보아도 명문가들은 문학과 예술을 사랑했음을 알 수 있다. 영화 〈우먼 인 골드〉를 보면 에스티로더 가문이 클림트의 작품 〈아델라의 초상〉을 1500억 원에 사는 장면이 나온다. 평범한 우리 시각에서 보면 미쳤다고 생각할 수 있지만, 예술의 가치를 알고 있는 명문가의 의식이라 할 수 있다. 조선 시대 명문가들도 똑같았다. 공자와 맹자의 저서를 읽는 것과 더불어 사군자를 그리고 가야금을 뜯었다. 문학과 예술을 소중히 하는 것이 명문가의 자질을 갖추는 기본 소양이었다. 우리가 이런 명문가의 자질을 부모님께 못 받았다 하더라도 자녀들한테는 알려주어야 하지 않을까?

그래서 아무리 바빠도 혹은 경제적인 여유가 없어도 문학과 예술을 자주 접해야 한다. 이것은 나를 훈련하는 길이기도 하다. 일보다 중요한 것이 있다는 훈련이다. 그래야 급한 일이 있어도 가족에게 내가 필요할 때는 일을 내려놓고 갈 수 있게 된다. 그렇지 않고 가족보다 일을 우선시하게 되면 사람과의 관계보다 일 속에서 만족감을 느끼게 되면서 갈수록 일에 빠지기 쉽다. 나는 내 삶이 100퍼센트 일로 채워지는 것을 원하지 않는다. 남들에게는 인간적으로 살라고 하면서 나는 그렇게 살지 못하고 나날이 일에 찌들어가는 자본주의의 노예가 되면 안 되지 않는가?

인문학은 내 삶에 질문을 던지게 하고 나의 과거와 현재를 돌아보게 한다. 삶에 대한 질문을 지속해서 붙들게 해주고 그에 대한 답을 찾게 해준다. 그렇게 답을 찾아가는 중간중간 문학과 예술로 삶의 쉼표를 찍어주면서 내가 타 없어지지 않게, 인간다움을 유지할 수 있게 해주어야 한다. 금방 끓어올랐다가 금방 식는 냄비가 아니라 은근하게 타오르는 화로가 되어 내 삶의 불길을 꾸준히 지켜갈 수 있도록 도와주는 것이 인문고전이고 문학과 예술인 것이다.

음악을 들을 때나 미술작품을 감상할 때도 앞서 이야기한 영화 보기 방법처럼 입체적으로 보는 연습을 하면 좋다. 작곡가가 음악을 만들 때 어떤 마음이었는지, 나라면 어떻게 표현했을지, 또 그 작품을 연주하는 사람은 어떤 기분인지, 또 나라면 어떤 악기로 연주했을지 생각해보는 것이다. 음악을 잘 모른다 하더라도 아는 만큼, 느끼는 만큼 다양한 각도에서 입체적으로 생각해볼 수 있다.

또한, 음악가나 미술가에 대해 공부해보는 것도 좋다. '아는 만큼 보이고 보는 만큼 느낀다'고 하지 않던가. 작품을 만든 예술가에 대해 알게 되면 더 깊고 풍부하게 예술 작품을 볼 수 있다. 작가에 대해 공부할 때는 너무 힘들게 할 필요는 없다. 한 번에 한 명을 정해서 집중적으로 공부한다. 피카소에 대해 공부하기로 했다면 한 달에 한 권 정도 피카소 관련 책을 읽고 피카소 작품을 찾아본다. 음악의 경우도 먼저 작곡가를 한 명 정한다. 베토벤이라면 그에 대해 알아본 다음 그의 대표작

10곡 정도를 반복해서 듣는다. 다 들을 필요도 없다. 귀에 익을 때까지 반복해서 들으면 어느 순간 가슴에 특별한 느낌이 온다. 그 느낌을 잘 정리해보면서 곡에 대한 이해능력을 키울 수 있다.

영화나 예술작품을 입체적으로, 인문학적으로 보게 되면 세상과 사물을 다양한 시각에서 볼 수 있게 되고, 이건희 회장의 말처럼 '사고의 틀'을 넓힐 수 있게 된다. 부모가 먼저 인문학적으로 감상하는 훈련을 충분히 하면 아이를 이끌어주기 쉽다. 아이와 함께 영화를 볼 때나 음악을 감상하고 그림을 볼 때, 이런 방식으로 이끌어주면 더욱 즐겁고 의미 있는 시간을 가질 수 있게 된다.

TIP
아이와 함께 알아보는 음악가 · 미술가

예술은 어렸을 때부터 접하면 좋다. 특히 클래식 음악과 명화들은 아이의 정서를 안정시키고 집중력을 키워준다. 세계적인 천재 예술가들의 작품을 통해 그들의 정신세계를 접하면서 사고력도 키울 수 있다. 아이와 함께 감상해보면 좋은 음악가 · 미술가들과 그들의 대표작을 추천한다.

음악가

비발디 : 바이올린 협주곡 〈사계〉

바흐 : 〈브란덴부르크 협주곡〉, 관현악 모음곡 'G선상의 아리아'

헨델 : 오라토리오 〈메시아〉, 모음곡 〈수상음악〉

하이든 : 오라토리오 〈천지창조〉, 현악 4중주 '종달새'

모차르트 : 오페라 〈피가로의 결혼〉, 피아노 협주곡 제21번

베토벤 : 교향곡 제3번 '영웅', 제5번 '운명', 제6번 '전원', 제9번 '합창'

슈베르트 : 교향곡 제8번 '미완성', 피아노 5중주 〈송어〉

멘델스존 : 교향곡 제4번 '이탈리아', 〈한여름 밤의 꿈〉

쇼팽 : '환상 즉흥곡', 피아노 협주곡 제1번

차이코프스키 : 발레 모음곡 〈백조의 호수〉 〈호두까기 인형〉

미술가

레오나르도 다 빈치 : 〈최후의 만찬〉 〈모나리자〉

에두아르 마네 : 〈풀밭 위의 점심〉 〈올랭피아〉

클로드 모네 : 〈생 라자르 역〉 〈해질녘의 건초더미〉 〈수련〉

폴 세잔 : 〈카드놀이 하는 사람들〉 〈대수욕도〉

빈센트 반 고흐 : 〈아를르 포룸 광장의 카페 테라스〉 〈별이 빛나는 밤〉

앙리 마티스 : 〈목련꽃을 든 오달리스크〉 〈독서하는 여인〉

파블로 피카소 : 〈아비뇽의 아가씨들〉 〈게르니카〉

구스타프 클림트 : 〈베토벤 프리즈〉 〈키스〉

마르크 샤갈 : 〈수탉〉 〈푸른 빛의 서커스〉

김홍도 : 〈씨름〉 〈서당〉 〈춤추는 아이〉

중심을 잡는 법

신앙

인문학의 중요성을 목에 핏대를 세워가면서 떠들고 다니는 나를 보며 나의 인문학 입문기가 궁금하실 분들이 많을 것이다. 나는 열아홉 살에 아버지의 권유로 인문학을 접하게 되었다. 중학교 때까지 아버지와 같이 방을 썼는데 그 방 한쪽 벽이 다 책으로 채워져 있었다. 동서양의 인문고전이었다. 그 책들을 보면서 '나도 어른이 되면 저런 책을 읽어야 하는구나!' 생각했던 것 같다. 지금까지 있는 아버지 책들에 초등학교 때 내가 했던 낙서가 남아있는 것으로 보아 읽지는 않았더라도 뒤적이며 놀았던 것 같다. 내 경우만 봐도 가정의 분위기와 부모의 역할이 얼마나 중요한지 새삼 느낄 수 있다.

대학 합격 통지서를 받은 나에게 아버지는 그 책장에서 두 권의 책을 꺼내 보여주셨다. 칸트의 『순수이성비판Kritik der reinen Vernunft』과 『장자莊子』였다. 아버지는 이렇게 말씀하셨다.

"대학은 큰 학문을 하는 곳이니 큰사람이 돼라. 큰사람이 되려면 먼저 위대한 책을 읽어야 해."

아버지 말씀이 묵직하게 가슴을 울렸다. 그런데 최근 들어 충격적인 사실을 알게 되었다. 아버지가 장자는 읽어봤지만, 칸트는 읽은 적이 없다는 것이다. 어린 시절 책꽂이에 빼곡히 꽂혀있던 인문고전 중 아버지가 읽은 책은 얼마 안 된다고 했다. 요즘 말로 "헐!"이었다. 그랬다. 만약 아버지가 인문학을 잘 알았더라면 『논어』와 플라톤을 주었을 것이다. 장자도 노자를 읽고 읽어야 이해가 더 쉽다. 그냥 동양고전 하나 서양고전 하나 골라서 주신 것이 아닐까 싶다. 지금 생각하면 어이가 없지만, 그때 나는 책을 읽으며 마치 죽어있던 내 영혼이 깨어나는 느낌을 받았다.

처음 읽는 인문고전이라 무슨 소리인지 알 수 없었지만, 읽는 내내 계속 떠오르는 질문이 있었다.

'칸트나 나나 똑같은 사람인데 어떻게 이런 이야기를 할 수 있을까?'

나는 매일 만화책이나 보며 낄낄거리고 있는데 칸트는 후대에 큰 영향을 미칠 책을 썼다는 것이 충격적으로 다가왔다. 그렇게 자연스럽게 인문학의 세계로 들어갔고 내 마음에는 꿈이 생겼다.

'큰사람이 되어야겠다.'

『장자』를 읽으며 '자유로움'에 대해 생각했고, 칸트를 통해 '생각을 제대로 하고 있는가' 점검해보았다. 물론 해설서도 읽지 않고 강의도 듣지 않은 상황에서 읽은 것이라 모르는 내용이 더 많았다. 그러나 내 가슴에는 거대한 철학적 질문들이 남았다.

같이 입학한 내 동기들은 기말고사에서 몇 점을 받을 것인가에 집중하고 있을 때 나는 '어떤 삶을 살 것인가'에 미쳐 있었다. 지금도 그렇지만 당시 교대 1학년은 '고등학교 4학년'이라 불릴 정도로 공부를 열심히 하는 아이들이 많았다. 그런데 그 공부가 어떤 교사가 될 것인가에 집중된 것이 아니라 오직 학점을 잘 따기 위한 것이었다. 고등학교 때와 내용만 바뀌었을 뿐 암기 위주의 공부 방법은 똑같았다.

또한, 당시 내 동기들은 과외를 많이 했다. 교육대학교는 학비가 비싸지 않았음에도 불구하고 동기들은 돈에 관심이 많았다. 고액과외를 몇 개씩 해서 집을 온통 고급제품으로 장식하고 있는 선배가 부러움을 살 정도였다. 물론 돈이 중요하지 않다는 것이 아니다. 하지만 그 돈을 스무 살 때부터 추구할 필요가 있는 것인가? 사실 나도 2학년 때 돈을 벌고 싶어 잠깐 과외를 했다가 이내 그만두었다. 내 청춘을 가슴속에서 솟아오르는 무엇을 위해 바치고 싶다고 생각했기 때문이다.

졸업 후 만난 동기들이 그때를 떠올리며 이런 이야기를 하기도 했다.

"우리가 수업 들을 때 너는 혼자 바위에 앉아서 T. S. 엘리엇의 시를 읽고 있었어. 기억나니?"

기억은 나지 않지만 그때 내가 정말 치열하게 고민했음을 알 수 있다. 그때 나는 인생에 있어서 소중한 질문들의 답을 찾고 있었다. 답을 찾기 전까지는 수업을 들어서도 안 되고, 여자를 만나서도 안 되고, 밥을 먹어서도 안 된다고 생각했다. 친구들은 이런 나를 '사이코'라 부르며 무시했지만, 내가 철학을 통해 내린 결론은 '학교에 안 가도 되는구나' '대학은 큰 의미가 없구나' '내가 스스로 공부해서 깨달으면 되는구나' 하는 것이었다. 헤르만 헤세나 칼릴 지브란의 작품을 보면 주제는 대부분 '가슴에 솟아오르는 것을 찾아라' '실천하라'였다. 나는 이 말을 가슴에 새기며 철학적 질문에 대한 답을 찾는 과정을 반복하고 또 반복했다.

인문학은 대학 시절 나에게 많은 생각을 하게 해주었다. 철학은 인간에게 근원적인 질문을 던지고 큰 틀에서 생각하게 해준다. 대학생활에 잘 적응하지 못하는 나를 보면서, 또 교대 시스템의 불합리함을 느끼면서 나에 대해 자연스럽게 생각하게 되었다.

'동기들은 잘 적응하는데 왜 나만 문제의식을 느끼는 것일까?'

이에 대한 질문의 끝은 지금 생각하면 참 교만하게 맺어졌다.

'어쩌면 내가 대학보다 큰사람이 아닐까? 그래서 대학교에 적응하지 못하는 거야.'

나는 점점 더 책에 빠져들었다. 책을 읽으면 마음이 편해졌고 내 질문에 대한 답을 찾을 때마다 '유레카!'를 외치며 기뻐했다. 정신적인 깨달음은 그 어떤 활동보다 큰 기쁨을 주었다.

'앞으로 어떻게 살 것인가.'

'한 번뿐인 인생, 세상에 어떤 발자취를 남길 것인가.'

나는 학교 수업보다는 이런 질문에 대한 답을 찾기 위해 시간을 보냈다. 또한 '어떻게 돈을 벌 것인가?' 보다는 '어떻게 세상에 이바지할 것인가?'에 대한 고민을 더 많이 했다. 학교에 안 나가니 학점은 나날이 하락했지만 이게 더 중요했다. 아이들에게 학교에 가지 말라는 이야기가 아니다. 학교에서 열심히 공부하고 될 수 있으면 좋은 대학에 가는 것이 좋다. 하지만 아이들이 삶의 본질에 대한 질문을 던지고 그 답을 스스로 찾는 과정도 필요하다는 이야기이다.

나는 인문학과 더불어 기독교 신앙을 통해 나의 중심을 잡아왔다. 종교가 없거나 기독교 신자가 아닌 사람은 거북할 수 있겠지만, 인문학적인 관점에서 보았을 때 성경은 꼭 읽어야 한다. 성경을 읽지 않고 서양의 철학·역사·문화를 이해할 수 없다. 대표적으로 단테의 『신곡 La $Divina$ $Commedia$』은 성경을 모르면 이해하지 못한다. 한국의 기독교 신앙은 '예수님을 믿으면 잘 먹고 잘산다'는 식의 기복적인 성격이 강해 안타까운데 성경의 내용은 그렇지 않다. '진리가 너희를 자유롭게 하리라'는 말처럼 진리와 진리에 다가가는 방법을 담고 있는 것이 성경이다.

기독교 신자로서 나는 '기쁨'에 대해 고민을 많이 하였다. '진정한 기쁨이란 무엇인가?'라는 질문은 한동안 내 머릿속을 떠나지 않았는데 성경을 읽으며 이에 대한 답을 찾을 수 있었다. 사도 바울의 이야기를 접하고 나서다. 처음에 사도 바울은 예수 믿는 사람을 잡아들이던 사람이었다. 그런데 어느 날 부활한 예수를 만나고 나서 갑자기 변해버렸다. 예수의 말씀을 전하는 사도가 된 것이다.

내가 역사를 몰랐을 때는 성경의 내용을 단편적으로 받아들였다. '항상 기뻐하라'는 구절을 읽으면 단순히 '기뻐하면 좋으니까'라고 생각했다. 그런데 역사를 알고 보니 성경 구절이 새롭게 다가왔다. 인문학적인 관점에서 성경을 보게 된 것이다. 당시 사도 바울의 시대는 '예수'라는 말만 해도 옥에 갇히거나 죽임을 당하던 시절이었다. 감옥에 있다는 것은 인생에 있어 가장 고통스러운 상태라 할 수 있다. 감옥에서 기뻐할 수 있는 사람이 몇이나 되겠는가. 그때 "나는 기쁘다"라고 이야기할 수 있다는 것은 진리를 보았다는 의미이다. 이는 소크라테스에게는 철학적 진리일 수 있고, 공자에게는 '인(仁)'일 수 있다.

사도 바울은 "예수를 알게 되어 매일 기쁘다"고 이야기하였다. 밥을 먹어도 기쁘고, 일을 해도 기쁘고, 감옥에 있어도 기쁘고, 채찍으로 맞아도 기쁜 것이다. 나는 이 대목에서 충격을 받았다. 그리고 깨달았다. 그리스도인이 가져야 할 기쁨이 이런 것이로구나. 기도하다가 내 책이 잘 나가면 기뻐하고, 책이 안 팔리면 슬퍼했던 나는 창피함에 고개를 들 수가 없었다. '내가 과연 진정한 그리스도인인가' '나는 성경에서 말하는 기쁨의 의미를 깨닫고 실천해왔나' 반성하게 되었다.

이런 의미에서 한국 교회에 인문학적인 관점이 필요하다. 인문학적인 관점이 없기 때문에 세습하고 탈세하는 등 온갖 비리가 교회에서 터져 나오는 것이다. 어떤 교회 목사가 "나는 설교를 준비하다가 잘 안 풀릴 때 외제 차를 타고 고속도로를 달리고 오면 잘 된다"고 한 이야기를 들은 적이 있는데, 이는 설교를 듣는 사람에 대한 최소한의 배려조차 없는 언사다. 신앙이라는 것도 인간을 떠났을 때, 인간을 배려하지 않았을 때는 괴물이 되어버린다. 광신도가 되어 진리가 아닌 것에 집착하게 된다.

몇 년 전 조사에 따르면, 우리나라 대학 총장과 교수의 80퍼센트가 기독교 신자라고 한다. 그런데 우리나라 교육 주체들은 인간에 대한 배려가 없다. 인류 역사상 가장 완전한 인간은 누구였을까? 소크라테스가 위대하고 공자가 훌륭하다 하지만, 그들은 제자의 발을 씻기지는 않았다. 소크라테스는 노예와 어린아이, 여자는 중요하게 생각지 않았다. 공자 역시 마찬가지다. 자신과 친한 사람만을 배려하였다. 하지만 예수는 죄인과 창녀, 세리와 어린아이를 가리지 않고 사랑을 베풀었다. 한국의 교육 주체들이 이것을 깨닫게 되면 우리 교육은 금방 바뀔 것이다.

경제 읽는 힘을 키워라

경제

아무리 인문학 교육을 통해 자존감을 세웠다고 해도 사람은 경제적 능력이 없으면 자꾸 위축되기 마련이다. '인문학 한다는 사람이 돈 이야길 한다'고 이상하게 생각할 수 있지만 겪어보니 돈이 없다는 것은 참 힘든 일이다. 돈을 많이 벌어야 한다는 의미가 아니다. 경제가 돌아가는 시스템을 알고 적은 돈일지라도 모으고 불릴 수 있는 기본적인 능력이 있을 때 자존감이 커진다.

나는 우리나라의 대표적인 달동네에서 10년 가까이 살면서 가난이 사람의 영혼을 얼마나 병들게 하고 또 가정을 얼마나 무참하게 파괴하는지 경험하였다. 그렇다 보니 인문학 이야기를 할 때 경제 이야기를 빼놓지 않는다. 인문학을 공부하기 위해서는 경제적 능력이 필요하고 경제적 능력을 키우기 위해서는 먼저 경제의 흐름을 읽을 수 있는 지식을 쌓아야 한다. 그리고 이 지식은 인문학을 바탕으로 한 것이어야 한다. 인문학으로 '경제 읽는 힘'을 키워야 하는 것이다.

인문학을 그저 학문으로만 생각하는 사람들은 믿기 어렵겠지만 조지 소로스는 세계 최고의 헤지펀드 매니저가 될 수 있었던 비결로 '인문학'을 들었다. 그는 심지어 이렇게 말하기도 했다.
"나는 언제든지 거대한 돈을 벌었다. 주가가 폭등할 때는 물론이고 폭락할 때도 돈을 벌었다. 이 모든 게 인문학적 사고 덕분이다."
조지 소로스가 우리나라에서 잠시 영웅 대접을 받았던 적이 있다. 당시 우리나라는 IMF 사태로 인해 국가부도 위기에 내몰렸는데, 대통령 당선인이 그를 초청해서 외환위기를 극복할 방법에 대해 조언받았기 때문이다. 그런데 당황스러운 사실은 우리나라에 IMF 사태를 일으킨 장본인이 조지 소로스가 이끄는 월스트리트의 헤지펀드 군단이었다는 것이다. 우리나라는 인문학을 통해 세계 금융시장의 지배자로 우뚝 섰다고 밝힌 한 국제 금융 투기꾼에게 철저하게 농락당했던 것이다.
말하자면 조지 소로스가 말한 인문학은 세상을 불행하게 만드는 '검은 인문학'이라고 할 수 있다. 물론 그의 인문학에 대해서는 학자마다 견해가 다르다. 궁극적으로 세상을 선하게 만드는 인문학이라고 평하는 학자들이 있는가 하면 세상을 파멸시키는 인문학이라고 평하는 학자도 있다. 조지 소로스는 철학자, 금융가, 투기꾼, 자선사업가 등등 다양한 얼굴을 가지고 있다. 과연 어떤 것이 그의 진짜 얼굴일까? 어쩌면 모두 그의 진짜 얼굴일 수도 있고 어느 것도 그의 진짜 얼굴이 아닐 수도 있다. 한 가지 분명한 사실은 그의 진짜 얼굴이 어떤 것이든 그와 우리가 동시대를 살고 있고, 그의 존재가 우리에게 경제적으로 거대한 영향을 미치고 있다는 것이다.

나는 『생각하는 인문학』에서 월스트리트에는 인문학적·수학적·물리학적 두뇌로 무장한 '퀀트'라는 존재가 있는데 이들 중 일부는 1조 원이 넘는 연봉을 받으면서 세계 금융계를 쥐락펴락하고 있다고 밝혔다. 그리고 이들을 조지 소로스의 뒤를 잇는 검은 인문학의 사도라 칭했다. 당황스러운 사실은 퀀트들이 지금 우리의 돈을 노리고 있다는 사실이다.

혹시 '파생금융상품'이라는 것에 대해 들어본 적이 있는가? 우리나라의 은행, 증권사, 보험사 등에서 판매하는 대부분의 금융상품이 파생금융상품에 해당한다고 한다. 하여 우리나라 파생금융상품 거래 규모는 세계 최고 수준에 육박한다. 그런데 월가의 황제라 불리는 워런 버핏이 퀀트들이 설계한 이 파생금융상품을 뭐라고 했는지 아는가? 금융 대량살상무기라고 했다. 그러니까 우리는 지금 세계 최악의 금융 대량살상무기 앞에 무방비 상태로 노출된 것이다. 아니 어쩌면 우리는 이미 금융적으로 대량살상을 당했는지도 모른다. 이미 언론에 보도된 것처럼 우리나라의 금융경쟁력은 세계 81위로 가나(52위), 캄보디아(65위) 같은 저개발 국가들보다 못하기 때문이다. 그리고 우리는 사회의 잘못된 금융구조로 인해 직장에서 수십 년 동안 거의 매일 뼈 빠지게 일하고도 결국엔 빚쟁이로 전락하기 때문이다.

차이에듀케이션 황희철 대표는 경제활동 측면에서 파란만장한 삶을 산 사람이다. 비정규직으로 사회생활을 시작한 후 아홉 번이나 사업을 벌였다가 모두 실패했지만, 다시 직장에 들어가 3년 만에 억대 연봉자가 되었다. 지금은 두 개의 회사를 운영하며 다양한 기부·봉사·교육 활동을 하고 있다. 황 대표의 활동 중 '경제 교육'을 이 지면을 빌어 소개하고자 한다. 황 대표는 열심히 일하는데도 빚쟁이가 되는 현실을 벗어나기 위해서는 금융기관에 속지 않을 경제지식을 쌓아야 한다고 주장한다.

금융기관은 '돈이 돈을 버는 원리'를 이용하여 사업을 하는 회사다. 금융전문가들은 돈이 돈을 버는 원리에 대해 많은 공부를 한 집단이고 그 공부를 토대로 다양한 금융상품을 만들어낸다. 그리고 우리는 그들이 '내 돈을 불려줄 것'이라는 막연한 생각을 가지고 그 상품에 가입한다. 그런데 부자가 되는 것은 우리가 아니라 금융기관이다. 우리는 금융상품에 많이 가입할수록, 가입 기간이 오래될수록 생활이 힘들어지고 금융기관은 시간이 지날수록 부자가 된다. 그럼에도 불구하고 우리는 경제 공부를 하지 않는다. 기초적인 경제 공부만 했어도 금융기관에 속지 않을 수 있는데 그것조차 귀찮아서 피땀 흘려 번 돈을 재테크라는 명목으로 금융기관에 갖다 바치고 있다.

많은 사람이 가입하고 있는 연금을 예로 들어 생각해보자. 금융기관에서는 평균수명이 늘어나기 때문에 노후대비 차원에서 연금을 꼭 들어야 한다고 광고한다. 그 광고에 혹해 많은 사람이 연금에 가입하기도 했다. 30~40년 이후를 대비해 믿을 만하다고 생각되는 금융기관에 매달 꼬박꼬박 현금을 내는 것이다. 지금은 큰돈이지만 30~40년 후에 그 돈의 가치가 얼마가 될지 모른다. 그리고 30~40년 후부터 연금을 타는데 목돈으로 주는 것이 아니라 매달 나누어서 준다. 그러다 일찍 사망하면 연금도 사라진다. 눈뜨고 코 베이는 상황이다.

이 상황을 금융기관의 입장에서 살펴보자. 금융기관은 30~40년 동안 갚지 않아도 될 돈을 수많은 사람으로부터 매달 꼬박꼬박 받는다. 이 돈은 당장 회사의 수익이 될 뿐 아니라 이 돈으로 건물을 사면 월세라는 새로운 수입이 창출된다. 30~40년 후, 돈 줄 때가 되어도 매달 쪼개어주면 된다. 목돈으로 주는 것이 아니므로 큰 부담이 되지 않고 가입자가 죽으면 더는 주지 않아도 된다. 이보다 더 좋은 장사가 어디 있겠는가.

올바른 경제 교육은 금융상품을 공부하는 것이 아니라 금융상품의 원리, 즉 돈이 돈을 버는 원리를 공부하는 것이다. 가장 먼저 내 상황을 봐야 한다. 내 상황을 보고 내 상황에 맞는 금융상품을 선택해야 한다. 우리는 병원 가서 의사한테 "좋은 약 주세요"라고 말하지 않는다. 의사에게 자신의 증세를 자세히 이야기하고 의사의 지시에 따라 검사를 하고 그 결과에 따라 치료하고 약을 처방받는다. 금융상품 선택도 이렇게 이루어져야 한다. 현재 우리의 모습은 "저 사람이 먹는 약 저도 주세요"라는 식이다. 그래서 아는 사람이 주식으로 돈을 벌었다 하면 덩달아 주식 투자를 하고, 또 누가 연금에 가입했다고 하면 따라서 가입한다. 이런 '묻지 마' 식 투자 심리를 당장 버려야 한다. 또한 금융상품으로 인한 수혜자가 누구인지 살펴봐야 한다. 우리는 상품의 장단점만 볼 뿐 그 상품을 둘러싸고 있는 상황을 보지 못한다. 상품의 약관도 모르고 어떻게 수익이 발생하는지도 모르는 상태에서 장점만 나열하는 금융기관의 설명만 듣고 가입한다. 그 피해는 고스란히 내 몫이 된다.

부모가 올바른 경제지식과 투자 원칙을 갖고 있어야 아이에게도 제대로 된 경제 교육을 할 수 있다. 현재 우리가 아이들에게 하는 경제 교육은 무엇인가? "용돈 아껴 써라" "저축해라" 정도가 아닐까 싶다. 용돈을 아껴 저축하면 뭐 할 것인가? 그 돈을 고스란히 금융기관에 갖다 바치게 된다면 내 아이들 역시 빚에 쪼들려 살지 모른다. 금융기관들은 오늘도 끊임없이 내 주머니에 있는 돈을 가져가기 위해 연구에 연구를 거듭하고 있다.

이제 우리는 어떻게 해야 할까? 여기에는 수십 가지의 답변이 있을 수 있지만 나는 인문학이 답이라고 생각한다. 그렇다고 인문학이 무슨 만병통치약이라는 의미는 아니다. 꼭 인문학을 해야만 인간이 인간답게 살 수 있다는 의미도 아니다. 인문학의 아버지로 추앙받는 키케로도 사실은 권력욕과 명예욕에 사로잡힌 인물이었고 오늘날로 치면 부동산 투기꾼이었다. 하지만 키케로의 인문학은 유럽 문화의 뿌리 중 하나가 되었다. 인문학에는 강력한 힘이 있다. 그것은 바로 사람이 스스로 '생각'하게 만든다는 것이다. 그리고 그 생각이 돈의 흐름을 꿰뚫게 되면 세계 경제를 지배하는 힘을 갖게 된다.

TIP
경제 교육에 참고할 만한 책과 영화

황희철 대표는 차이에듀케이션에서 '생각하는 경제'라는 제목으로 강의하고 있다. 여기에 황 대표가 강의 수강생에게 추천하는 책과 영화들을 소개한다. 쉽게 접할 수 있는 책과 영화를 통해 경제지식을 쌓길 바란다. 부모가 경제에 대한 가치관을 확실히 가지고 있으면 아이들 경제 교육도 수월해진다.

책

- **『조선을 구한 13인의 경제학자들』** — 한정주 지음

돈을 어떻게 벌고 어떻게 쓰는 것이 바람직한지 조선 시대 13인의 사례를 통해 생각해 볼 수 있는 책이다. 김육, 박제가, 유형원, 이익, 박지원, 정약용 등 우리에게 친숙한 이들부터 여성 실학자 빙허각 이씨, 지리경제학의 개척자 이중환 등 다소 낯선 이름들까지 한 권으로 만나볼 수 있다. 돈을 올바르게 쓰는 법을 사례별·영역별로 토론할 수 있고, 자기에게 맞는 역할 모델을 찾아 올바른 경제관을 확립하는 데 도움받을 수 있다.

- **『자본주의 사용설명서』** — EBS 〈자본주의〉 제작팀 지음

EBS 다큐프라임 〈자본주의〉를 통해 자본주의의 이면을 파헤친 제작진이 자본주의의 탄생 과정부터 소비심리, 제도에 이르기까지 열심히 일해도 어렵게 사는 우리의 일상을 적나라하게 보여준 책이다. 자본주의 안에서 자신을 스스로 지키는 자산관리 방법을 토론할 수 있다. 자본주의의 본질을 살피고 우리 자신을 보다 현실적으로 점검하여 스스로 자산을 지키고 운영할 수 있도록 한다.

- **『21세기 자본』** — 토마 피케티 지음

프랑스 파리경제대 토마 피케티 교수의 저서로, 자본주의의 불평등 문제를 해소하기 위한 제도적 대안을 구체적인 통계자료로 제시한 책이다. 저자의 분석을 참고해 더불어 잘 사는 방법을 모색하고, 불평등 문제를 해결할 제도 방안을 토론할 수 있다.

• 「보도 섀퍼의 돈」 — 보도 섀퍼 지음

투기와 투자를 구분하여 자산을 운용하는 원칙을 잘 설명한 책이다. 투기와 투자를 구분하여 자산을 운용할 방법을 토론하고, 매매와 보유를 구분하여 자산을 관리하는 것이 얼마나 중요한 것인지 깨달을 수 있다.

• 「시골 빵집에서 자본론을 굽다」 — 와타나베 이타루 지음

자연의 순리에 따르는, 인위적이지 않은 방식의 경영과 적극적으로 분배를 실천하는 모습을 제시한 책이다. 기업주가 과도한 욕심을 부리지 않고 분배를 우선으로 하는 경영 원칙을 세우는 것의 가치를 토론할 수 있다. 자본에 대한 욕심을 버리고 더불어 사는 길에 대해 생각해본다.

• 「빌딩 부자들」 — 성선화 지음

보유수익, 즉 소득자산을 늘려가는 방법의 하나인 '수익형 부동산'을 공부할 수 있는 책이다. '황금알을 낳는 거위'처럼 자산이 자산을 낳는 형태의 수익형 부동산의 원리를 토론할 수 있다. 실제 거래 사례를 살펴보며 쉽게 접근할 수 있도록 도움을 주는 책이다.

• 「유대인이 대물림하는 부자의 공리」 — 랍비 셸소 쿠키어콘 지음

전 세계 금융을 장악하고 있는 유대인들의 차별화된 금융 교육을 살필 수 있는 책이다. 우리나라 경제·금융 교육의 현실과 유대인의 교육법을 비교하며 토론할 수 있다. 경제적 영향력을 행사하는 유대인의 힘이 '교육'에서 비롯되었다

는 점을 통해 우리나라에서도 시행할 수 있는 참된 경제·금융 교육이 무엇인지 생각해보게 된다.

영화

• 〈인사이드 잡Inside Job〉 — 찰스 퍼거슨 감독
2008년 외환위기가 어디서부터 비롯되었는지 볼 수 있는 영화이다. 자본주의의 이중성과 문제점을 이해하고 그에 따른 대안을 찾아갈 수 있도록 해준다. 자본주의 체제에서 자신의 자산을 어떻게 지킬 것인지 토론할 수 있다.

• 〈식코Sicko〉 — 마이클 무어 감독
건강보험공단의 중요성을 보여준 다큐멘터리 영화이다. 인간의 존엄성이 돈 앞에서 어떻게 변질할 수 있는지 생각해보게 된다. 우리나라 건강보험공단의 기능과 올바른 운영을 점검, 토론할 수 있다.

• 〈인 타임In Time〉 — 앤드루 니콜 감독
모든 비용을 시간으로 환산하는 세상이 오고 인간의 수명도 돈으로 거래된다면? 경제적 불평등이라는 사회적 주제를 영화적 상상력으로 풀어낸 영화이다. 자본주의 시스템에서 빈부 격차와 인플레이션의 문제점과 사회적 악영향에 관해 토론할 수 있다.

• 〈군도〉 — 윤종빈 감독
'민란의 반란'이라는 부제로 돈과 권력이 사회적 혼란을 야기하는 과정을 보여준 영화이다. '금맹'에 가까운 우리의 낮은 금융 지수를 생각하면서 무지가 삶에서 얼마나 참혹한 결과를 일으키는지 토론할 수 있다.

- **다큐프라임 〈자본주의〉 5부작** — EBS 제작진

세계 석학들의 다양한 견해를 취재해 현재 금융 위기에 대해 진단하고, 자본주의의 새로운 미래에 대해 조망하는 다큐멘터리이다. 자본주의의 본질적인 문제점을 파악하는 데 도움이 되는 자료이다. 자본주의 체제에서 자산을 어떻게 운용할 것인지 실행의 관점에서 토론해볼 수 있다.

- **BBC 〈돈의 힘Ascent of Money〉 6부작** — KBS '걸작다큐멘터리' 방영

| 1부 탐욕의 시작 | 2부 지불 약속 | 3부 거품과 붕괴 |
| 4부 위험한 거래 | 5부 안전자산, 집 | 6부 이머징마켓, 차이메리카 |

돈의 역사를 통해 돈이 가진 성질(힘)에 대해 이해하고 인류가 이에 어떻게 반응하는지 잘 보여주는 다큐멘터리이다. 돈과 관련한 역사와 제도를 공부하고 그 과정에서 발생하는 다양한 사례를 검토하면서 우리에게 필요한 제도가 무엇인지 생각해볼 수 있다. 돈의 영향력을 우리가 어떻게 대응해야 하는지 토론해볼 수 있다.

- **〈빅 쇼트The Big Short〉** — 아담 매케이 감독

탐욕에 눈이 먼 금융자본주의의 실상을 볼 수 있는 영화다. 금융권의 광고에 현혹되어 거래하는 것의 위험성을 깨닫게 한다. 금융권과 거래할 때 어떻게 거래해야 할지 토론할 수 있다.

TIP
아이와 함께 읽고 이야기하면 좋은 경제 동화

아이에게 경제 교육을 할 때 가장 좋은 방법의 하나는 경제 관련 동화를 읽고 함께 이야기 나누는 것이다. 전래동화나 우화는 이야기를 통해 교훈을 전하고 있으므로 아이들이 쉽게 접근할 수 있고, 동화 속 인물과 비교하여 자신의 이야기를 할 수 있어 대화도 쉽게 이루어질 수 있다. 아이와 함께 읽으면 좋은 동화와 함께 이야기할 만한 주제를 제안해본다.

『자린고비』: 무조건 돈을 아끼는 것이 과연 좋은 방법일까? 자린고비는 왜 절약했을까? 그 돈으로 사람들에게 어떤 도움을 줄 수 있었을까?

『마시멜로 이야기』 ― 호아킴 데 포사다·엘렌 싱어 지음 : 눈앞의 이익과 미래의 이익 중 어떤 것을 선택할 것인가? 우리에게 '마시멜로'는 어떤 것이 있을까?

『12살에 부자가 된 키라』 ― 보도 섀퍼 지음 : 내가 돈을 벌고 싶은 이유 10가지는 무엇인가? '황금알을 낳는 거위' 원칙을 어떻게 실천할 수 있을까?

『흥부와 놀부』: 흥부는 부지런한 사람인가, 게으른 사람인가? 착하고 게으른 사람과 부지런하고 원칙이 있는 사람 중 어떤 사람이 되고 싶은가?

『개미와 베짱이』 ― 이솝 지음 : 미래를 대비한다는 것은 어떤 의미인가? 힘들게 미래를 위해 준비하는 사람과 인생을 즐기며 미래를 준비하지 않는 사람 중 어느 쪽이 현명한 사람일까?

『농부와 세 아들』: 노동은 어떤 의미인가? 땀 흘려 일한 대가로 돈을 버는 것의 가치는 무엇일까? 쉽게 돈을 벌었을 때 발생하는 문제점은 무엇일까?

『황금알을 낳는 거위』 — 이솝 지음 : 인간의 욕심은 왜 위험한가? 욕심 때문에 더 큰 손해를 본 경험이 있는가?

『아기 돼지 삼 형제』 : 외부의 위협으로부터 자신을 지키려면 어떻게 해야 할까? 지금 나는 어떤 '벽돌집'을 짓고 있는가?

TIP
놀이로 배우는 경제

아이들은 말이나 글보다 놀이를 통해 많은 것을 배운다. 경제 원리를 이해할 수 있는 게임을 함께 해보는 것도 좋다.

부루마블 : 재산증식형 보드게임. 전반전에는 게임판을 돌며 주권카드를 구매하고, 후반전에는 자기 땅에 건물을 짓고 임대료를 받는다. 임대료 수입을 통해 파산하지 않고 끝까지 버티는 사람이 이기는 게임이다.

모노폴리 : 부동산 게임. 부루마블과 규칙은 비슷하지만 다른 사람과 협상해 부동산을 교환하거나 거래하며 같은 색깔의 땅을 모을수록 수익이 커진다. 독점에 대해 알 수 있는 게임이다.

인생게임 : 룰렛을 돌려 나온 숫자만큼 말을 움직이면서 사람의 일생에서 있을 법한 여러 상황을 선택하고 겪어나가는 게임이다. 사회생활에 필요한 기본적인 경제지식을 배울 수 있다.

호텔왕게임 : 부루마블과 마찬가지로 게임판을 돌며 땅을 사고 호텔을 지어 임대료를 받는 방식으로 이루어지는 게임이다. 돈이 없을 때 은행에서 대출을 받을 수 있고 게임 마무리에는 자신의 토지와 호텔을 은행에 팔아 가장 많은 돈을 가진 사람이 이긴다.

문제는 집중력이다.
산만한 상태로 8시간 책상에 앉아 있는 것보다는 집중해서 1시간 공부하는 것이 더 효과가 높다.
유명한 학원을 보내고, 숙제를 꼬박꼬박 시키고, 고액과외를 해도 성적이 오르지 않는 것은
아이가 집중하지 않기 때문이다. 아니, 더 정확히 이야기해 집중할 마음이 없기 때문이다.
집중력은 즐거운 마음에서 나온다. 그래서 60퍼센트의 노는 시간이 필요한 것이다.
방과 후 아이에게 주어진 8시간을 사교육 중심으로 보내는 것은 정말 어리석은 짓이다.
스스로 공부하지 않는 아이들은 학교에서 배운 내용을 학원에서 까먹고,
학원에서 배운 내용을 다음 날 학교에 와서 까먹는다.
돈 버리고, 시간 버리고, 아이를 망치는 일을 언제까지 계속할 것인가.

PART 3

스스로 책상에 앉는 아이로 이끄는 법
내 아이를 위한 인문학 교육법

시작하는 당신이 준비해야 할 것

준비 ❶   강압 없는 교육을 추구하라

나는 앞서 인문학을 하는 이유가 사람답게, 행복하게 살기 위해서라고 이야기하였다. 인문학은 사람을 위한 학문이고 그 최종 목표는 사람의 행복이다. 인문학 교육의 목표는 무엇일까? 당연히 아이의 행복이다. 미래의 행복이 아니라 현재의 행복을 말한다. 그렇다면 어떤 분위기에서 인문학 교육을 시작해야 할까? 행복하고 편안한 분위기이다.

　우리가 받아온 교육의 분위기는 어떠한가. 엄격하고 딱딱한 느낌이다. 수업시간에 쥐 죽은 듯이 조용히 해야 하고 몰라도 섣불리 질문하면 안 될 것 같은 분위기. 감독하는 사람을 무서워해야 공장 노동자들이 긴장해서 일하는 것처럼 선생님은 지시를 내리고 학생은 그 지시에 따르고 평가받는다. 공장 시스템에 학생들이 들어가 있는 상태. 그래서 아이들은 학교에 가면 자신감이 떨어진다. 항상 누군가의 지시 때문에 움직이므로 자발성도 떨어진다.

인문학 교육은 그렇지 않다. 동양고전의 대표적 인물인 공자는 제자들과 함께 자기 뜻을 실현할 수 있는 곳을 찾아 길을 떠났다. 그 길에서 끊임없이 대화하면서 제자들에게 깨우침을 주었다. 이루고 싶은 꿈을 함께하는 제자들과의 여행은 때로는 힘들고 생명의 위협도 느끼지만 신나고 가슴 뛰는 일이었다.

서양 철학의 대부 소크라테스 역시 아고라 광장으로 나가 젊은이들과 대화하며 그들을 가르쳤다. 요즘 교사처럼 교실에서 학생을 기다리고 주입식으로 가르치고 숙제를 내고 시험으로 평가하는 것이 아니라 학생들을 직접 찾아 나선 것이다. 아고라 광장에서 플라톤을 만난 소크라테스는 플라톤에게 인생에 대한 질문을 던졌다. 그 질문을 받은 플라톤은 밤새 잠 못 이루며 고민하다 다음 날 광장으로 달려 나왔다. 이번에는 플라톤이 소크라테스에게 질문을 퍼붓고 답을 얻었다. 이런 방식으로 교육이 이루어졌다. 얼마나 흥미롭고 재미있는 교육인가. 플라톤도 소크라테스도 행복했을 것이다. 공자도 제자도 행복하지 않았을까. 가슴 뛰는 감동도 있었을 것이다. '내가 살아 있구나' '세상을 바꿀 수 있구나' 하는 가슴 벅찬 감동 말이다.

이처럼 인문학 교육은 생기 넘치고 행복한 교육이다. 심각하고 진지

한 것이 아니다. 후대 인문학 학자들이 책만 가지고 연구하니 인문학이 어렵고 지루한 학문이 되었을 뿐이다. 조선 시대로 비유하면 과거시험 준비는 입시 교육이라 할 수 있다. 현재의 사법고시가 인문학이 아닌 것처럼 과거는 관직으로 진출하기 위한 하나의 과정일 뿐이다. 진정한 인문학은 경치 좋은 곳에서 시를 읊고 인생을 이야기하는 '여유'라 할 수 있다. 풍류를 즐기는 것이 동양 인문학의 시작이었다. 생각해보라. 맑은 물이 흐르는 곳에서 뜻을 같이하는 사람들과 인생을 이야기하고 세상의 변화를 꿈꾼다면 행복하지 않겠는가.

영어 'Study'의 어원은 라틴어 'Studeo'로, 'Leisure'의 어원인 'Schole'와 깊이 연결되어 있다. 즉 공부의 첫 시작은 삶의 여유를 가지기 위한 것이라 할 수 있다. 우리가 친구들을 만나면 밥 먹고 영화 보고 노래방 가는 것처럼 중세에는 놀이로 인문학을 했던 것이다. 정신적 행복을 추구했던 시간이라고 할 수 있다. 다시 말하지만, 행복하지 않으면 인문학 교육이 아니다.

행복한 인문학 교육을 위해서는 강압이 없어야 한다. 왜냐하면, 강압적인 교육 자체가 부모와 아이 모두의 자존감을 바닥에 떨어뜨리는 것이기 때문이다. 현재 우리나라 교육은 강압적이다. 특히나 입시 교육은 부모의 욕망 충족을 위해 강압적으로 시행되고 있다. 우리나라 아이 중 자발적으로 학원에 다니는 아이들이 얼마나 되겠는가. 강압적인 교육은 자기가 선택하는 것이 없으니 열등감을 준다. 우리가 아이들에게 강압적으로 구는 이유는 아이에 대한 믿음이 없기 때문이다. 또 자존감이 없는 부모가 아이들에게 강압적이기 마련이다.

　강압적인 사교육을 하면서 인문학 교육을 하는 것은 아이를 죽이는 일이다. 사교육에 대한 맹신을 타파하고 실제로 사교육을 과감히 줄이는 결단이 있어야 한다. 사교육을 아예 받지 말라는 의미가 아니다. 부족한 과목이 있다면 사교육의 도움을 받을 수도 있다. 하지만 지금처럼 강압적인 사교육은 안 된다. 아이에게 여유 시간을 주어야 한다. 여유 시간을 주면서 인문학 교육을 해야 한다. 시간이 있어야 아이들이 '생각'하게 되고 생각하는 즐거움을 알아야 인문학을 즐겁게 할 수 있다. 이 학원에서 저 학원으로, 학원 끝나면 곧이어 해치우듯 숙제를 해야 하는 정신없는 상황에서는 스스로 생각할 힘을 잃게 된다. 우리는 아이를 잘 키우기 위해 학원에 보낸다고 생각하지만, 결과적으로 아이의 생각을 옭아매는 논리적 오류에 빠져 있다. 아이에게 행복한 분위기를 만들어주지 못할 거라면 인문학 교육은 시작하지 않는 것이 좋다.

준비 ❷　협박 아닌 보상을 줘라

아이나 어른이나 적절한 보상이 있을 때 무슨 일이든 열심히 하게 된다. 특히 아이들 교육에서는 보상이 중요하다. 아이들은 아직 어리기 때문에 왜 공부를 해야 하는지 필요성을 느끼지 못한다. 아이들을 움직이는 최고의 동인은 '재미'이고 그다음이 '보상'이다. 아이들은 재미를 느끼면 그만하라고 해도 계속한다. 아무리 날씨가 추워도 눈썰매 타는 것이 재미있으면 지칠 때까지 탄다. 그다음은 보상이다. 재미가 없더라도 아이가 좋아하는 것을 보상으로 준다고 하면 하게 된다.

나는 초등학교 교사 생활을 하면서 보상 제도를 적절히 활용하였다. 지금도 그렇겠지만, 당시 우리 반 아이들에게 가장 큰 보상은 '놀이'였다. 보통 어른들은 친구와 노는 것을 시간 낭비라 생각하기 쉬운데 그렇지 않다. 아이들에게 놀이는 사회성을 키우고 두뇌를 발달시키는 데 중요한 역할을 한다. 이것은 수많은 학자의 연구 결과이다. 아이들의 심리 치료 중 놀이치료가 있을 정도로 아이들에게 있어 놀이는 중요하다.

특히 10대들의 뇌는 휴식할 때, 친구와 놀 때, 운동할 때 가장 잘 발달한다. 10대 시절에 이 세 가지 보상을 해주지 않는 부모는 사실 아이의 뇌를 병들게 하는 것이다. 나는 하루 수업시간의 60퍼센트는 놀게 하였다. 무조건 나가서 뛰어노는 것뿐 아니라 재미있는 이야기를 해주거나 영화를 보는 등 다양한 방식으로 놀게 했다. 아이들이 피곤해하면 자게 해주었다. 교육의 목적은 단순한 지식 전달이 아니다. 배울 준비가 되지 않은 아이들에게 지식을 전달하려고만 드는 것은 아이들을 인격체로 대하지 않는 것이다. 그리고 교사 역시 지식을 전달하는 기계에 지나지 않게 된다. 교육의 본질은 끊임없이 아이들에게 '존중받고 있다' '존중받을 자격이 있다'는 자존감을 심어주는 것이다. 국어·영어·수학 역시 자존감을 키우기 위해 배워야 하는 과목이다.

학교에서 아이들을 놀게 하니 여기저기서 우려의 목소리가 들렸다.

가장 큰 우려는 '아이들이 사고를 치면 어떻게 하느냐'는 것이었다. 그런데 이 문제는 교사와 아이 사이에 신뢰가 있으면 금방 해결된다. 아이들은 선생님이 자기들을 위해 놀게 해준다는 것을 잘 알았다. 선생님이 귀찮아서 다른 일을 처리하려고 놀게 하는 것이 아니라 자기들을 배려해주고 있다는 것을 알았기 때문에 사고를 일으키지 않았다.

그렇다고 해서 아이들 비위를 맞추라는 것은 아니다. 아이들과 나 사이에는 엄격한 규칙이 있었다. 선생님을 예의 바르게 대해야 한다는 것, 친구들을 배려해야 한다는 것이다. 이것은 선생님이 아이들을 공부 기계로 만들지 않기 위해 노력하는 만큼 아이들도 선생님을 존중해야 한다는 의미였다. 어떤 경우라도 아이들이 이 규칙을 어기면 바로 제재하고 혼냈다. 약속이 지켜져야 교육이 이루어진다.

아이들을 실컷 놀게 했지만, 반드시 그날그날 지켜야 하는 공부시간이 있었다. 60퍼센트를 놀았다면 나머지 30퍼센트의 시간 동안 교과서 내용을 완벽히 알아야 했다. 반 아이 중 한두 명만 이해하고 넘어가는 것이 아니라 전체가 다 이해해야 했다. 나는 수업을 마치기 전 7~8분 동안 수업 내용에 대해 3~4명의 아이에게 질문했다. 그중 단 한 명이라도 대답을 못 하거나 제대로 이해하지 못하면 다음 날 노는 시간을 없애버렸다. 1교시부터 6교시까지 수업만 하는 것이다. 이 과정이 몇 번 반복되니 '눈이 반짝 귀가 쫑긋'이라는 표현이 실감 날 정도로 아이들 집중력이 높아졌다. 질문받은 아이가 대답을 잘하지 못하면 동시에 한숨 소리가 터져 나왔다. 그리고는 시키지도 않았는데 쉬는 시간에 대답 못 한 아이를 가르쳐서 내게 데려오는 거다. 어느새 나 혼자만 공부를 잘해서는 다음 날 놀 수 없다는 것을 안 아이들은 서로 도와가며 지식을 나누었다.

인문학 교육도 마찬가지 방법으로 했다. 노는 재미를 알게 된 아이들은 놀기 위해 인문고전을 읽고, 이해하고 발표했다. 또 발표를 못 하면 친구들에게 피해가 가기 때문에 이해가 안 되면 알 때까지 친구와 선생님에게 묻고 또 물었다. 놀이 외에도 간식으로 보상해줄 때도 있었다. 인문고전을 잘 읽었다면 여름에는 아이스크림을 사주고, 겨울에는 과자를 사주었다. 이 과정에서 아이들은 공부하는 재미, 생각하는 재미를 알아갔고 인문고전을 좋아하게 되었다. 이렇게 재미있게, 행복하게 공부하니 60퍼센트는 놀고 30퍼센트만 공부해도 아이들 머리에 쏙쏙 들어갔다. 더불어 반 평균 전교 1등이라는 결과도 얻을 수 있었다.

이런 아이들의 변화에 나도 깜짝 놀랐다. 인문학 교육을 이론적으로만 알고 있었지 실천해본 적이 없던 나는 인문학 교육의 효과를 실감할 수 있었다. 평범한 아이들을 실컷 놀게 하니 사람을 좋아하게 되고 상대방의 말을 귀담아듣게 되고 나아가 공부에 흥미를 느끼게 된 것이다. 아이가 행복한 마음으로 공부하면 성적도 오른다.

그런데 우리는 보상보다는 협박에 익숙해져 있다. "책 안 읽으면 용돈 안 준다" "성적 떨어지면 핸드폰 빼앗는다" 등 잘했을 때보다 못했을 때를 대비해 규칙을 만들고 강압적으로 지키게 한다. 육아 고민을 상담하는 프로그램을 보면 아이가 잘못했을 때 '생각하는 의자'에 앉게 하는 경우가 더러 나온다. 나는 이 의자가 하나 더 있어야 한다고 생각한다. 잘했을 때 앉는 의자 말이다. 내가 칭찬받았을 때 어떻게 해서 잘하게 되었는지 생각해보면 자신의 장점을 알게 된다. 잘못했을 때만 지적받고 생각을 강요당하게 되면 잘못한 일을 요령 있게 피하는 방법만 익히게 될 수도 있다.

부모는 아이가 잘했을 때 어떤 보상을 줄 것인지 정한 다음 아이가 그 기준을 충족시키면 반드시 보상해주어야 한다. 아이는 부모님을 기쁘게 하면 보상이 있다는 것을 명확히 알게 되면 부모와의 약속을 지키기 위해 더 열심히 노력한다. 아이가 못했을 때보다 잘했을 때 칭찬과 보상을 해주면 아이는 더욱더 발전하는 모습을 보이게 된다.

나는 생각한다. 놀기, 만화영화 보기, 수다 떨기, 하고 싶은 일 하기, 아이스크림 먹기 같은 보상 등이 있었지만 가장 큰 보상은 '선생님이 우리를 믿어준다는 것'이 아니었을까 하고 말이다. 이런 60퍼센트는 놀고 30퍼센트만 공부하는 파격적인 보상은 아이들을 믿지 않으면 할 수 없기 때문이다. 아이들을 불신하는 교사나 부모는 불안할 수밖에 없고 불안한 사람은 결코 새로운 시도를 할 수 없다. 새로운 시도에 따르는 보상도 당연히 할 수 없다. 이래서 인문학 교육에서 자존감이 중요한 것이다.

준비 ❸ 높은 기준이 있어야 한다

아이를 행복하게 교육한다는 것과 보상을 충분히 해준다는 것이 아이를 세상 물정 모르는 바보로 만든다는 의미는 아닐 것이다. 또한, 현행 교육이 문제가 많다고 하여 무조건 거부하고 검증도 안 된 교육을 시도하는 것도 위험하다. 온갖 문제점에도 불구하고 현행 교육이 유지되는 이유는 이 교육을 마치면 어떻게든 먹고 살 수는 있기 때문이다. 현행 교육에 대해 비판만 하면서 교육도 안 받고 스무 살 넘어 사회에 나오면 아예 취직이 어려워진다. 인문학 교육을 위해서는 현행 교육을 뛰어넘는 치열함과 높은 기준이 있어야 한다.

한 번은 20여 명의 대안학교 학부모들이 나를 찾아온 적이 있다. 무슨 일인가 의아해하며 그분들과의 자리를 마련했는데 그 자리에서 나온 이야기가 참 의외였다. 학부모들의 고민은 이러했다.

"우리 아이들이 대안학교에 와서 행복하게 잘 지냈어요. 그런데 고3이 되어 진로를 생각하니 갈 대학이 없어요. 어떻게 하면 좋을까요?"

순간 내 머리에 스친 것은 '대안학교에 대안이 없었구나' 하는 생각이었다.

그 후 대안학교의 실태를 알아보기 위해 대안학교 탐방에 나섰다. 인문고전 대안학교, 기독교 대안학교 등 다양한 대안학교를 가보았는데 대부분 절망적이었다. 교육이라고 할 수 없는 교육을 '대안'이라는 이름으로 하고 있었다. 나는 특히 인문고전 대안학교들에 관심이 많았다. 이 학교들의 홈페이지 내용은 좋았다. 유명 대학교의 인문대학 교수들이 와서 강의하고 원문 읽기 수업도 한다는 것이었다. 그 학교에서 나를 초청했을 때 나는 기대하며 학교에 갔다. 실상은 한 학기에 한 번 정도 시간강사나 대학원생이 와서 강의하는 것이 전부였다. 선생님께 원문 읽기 지도는 어떻게 하고 있냐고 물으니 황당한 대답이 돌아왔다.
"앞으로 해야죠."
현재의 공교육을 비판하며 만들어진 대안학교가 공교육보다 못한 교육을 하고 있었던 것이다. 내가 다녀본 다른 대안학교들도 사정은 비슷했다. 과연 우리나라에 참된 대안학교가 있을까 하는 의문이 들었다.

앞에서 내가 강조한 '높은 기준'은 위인을 말한다. 그동안 자기계발서를 쓰면서 가장 많이 들은 비판은 어떻게 위인들이 한 대로 다 하느냐는 것이었다. 온종일 일하고 퇴근하면 파김치가 되는데 따로 책을 읽고 자기계발을 할 여유가 없다는 것이다. 자기계발을 하고 안 하고는 본인의 선택이다. 그런데 자기가 가진 가장 낮은 기준을 다른 사람에게 적용하려 해서는 안 된다. 파김치가 된 몸으로 무기력하게 잠자리에 들기보다는, 잠을 줄여서 짧게라도 위인들과 만나는 것이 정신 건강에 좋다. 하루하루 녹슬어서 사라지는 삶보다는 높은 기준을 따라 빛나는 삶을 산다는 만족감으로 스트레스를 날려버리는 것이다.
교육도 마찬가지다. 모든 아이가 높은 기준을 달성할 수는 없지만 높은 기준이 무엇인지는 보여주어야 한다. 별에 갈 수는 없어도 별을 보여주는 것이 교육이다. 아이들에게 위인전을 많이 읽혀야 한다. 아이를 키우면서 위인전 한 질 들여놓지 않은 집은 거의 없을 것이다. 우리나라 각 가정에 위인전이 몇십 권씩 세트로 들어가 있는데 아이들의 삶에 변화가 일어나지 않는 이유는 위인전을 제대로 읽지 않기 때문이다.

위인전을 읽고 쓴 아이들의 독후감을 한번 살펴보라. 분량은 길어봐야 한 페이지, 내용은 위인의 삶을 요약한 다음 '나도 ○○처럼 훌륭한 사람이 되어야겠다'고 끝나지 않는가. 이렇게 하는 것은 올바른 독서가 아니다. 위인전을 읽고 나서 위인의 이야기가 아니라 자신의 이야기를 A4 용지 5장 정도는 쓸 수 있어야 한다.

나는 아이들에게 위인전을 읽힐 때 위인의 삶과 자신의 삶을 비교하게 했다. 위인전을 한 권 선택해 읽은 다음 아래와 같은 표를 만들고 빈칸을 채우게 했다.

나이	위인	나
1		
2		
3		
4		
5		
6		
…		

링컨, 처칠 등 자신들이 좋아하고 닮고 싶어 하는 위인이 자기 나이 때에 어떻게 지냈는지를 알게 되면 아이들에게 깨달음이 온다. 나는 표를 채워가며 위인전을 다시 읽은 아이들에게 질문을 던졌다.

"네가 처칠만큼은 아니더라도 멋진 사람이 되어야 하지 않겠니?"

그러면 아이들이 조금씩 바뀐다. 무기력하던 아이가 "보이스카우트에 들어가 극기훈련을 해보고 싶어요"라고 이야기하고, 책과 담을 쌓고 지냈던 아이가 자연스레 책을 집어 든다. 이 표가 아이의 삶에 계획표 혹은 참고서가 되는 것이다. 이렇게 책을 읽으면 위인전이 내 것이 된다. 자기 삶을 반추하지 않는 위인전 읽기는 시간 낭비라 할 수 있다.

한편으로 동시대를 살아가는 훌륭한 사람들도 자주 만나게 해주어야 한다. 아이가 멘토로 삼을 수 있는 사람과 교류함으로써 과거가 아니라 현재를 살아가는 아이의 시각을 넓힐 수 있다. 결국 인문학은 '사람을 만나는 것'이기 때문이다.

우리에게는 멘토가 필요하다. 위대한 인물을 연구하고 그를 본받으려는 자세를 가져야 한다. 인문학 교육을 통해 단순히 '인간적으로 살자'고 하기보다는 세상에 영향을 미친 사람들의 삶을 보면서 곰곰이 생각해보는 것이다. 세종대왕은 정사를 보느라 바쁜 가운데에도 하루 5시간씩 인문고전을 읽었다. 우리의 인문학 공부가 이렇게 치열한지 살펴봐야 한다. 온종일 놀다가 2시간 책 보는 것으로 만족하는 것은 아닌가 생각해보자. 모든 사람이 위인이 될 수는 없다. 하지만 위인의 삶을 내 삶에 끌어들일 수는 있다. 우리를 성장시키기 위해 기준만큼은 위인의 삶으로 삼자는 이야기다.

1
6.3.1 교육법

아이들을 행복하게 하라

아직도 초등학교 교사가 되어 처음으로 아이들을 만났던 그 순간이 생생하게 떠오른다. 주일학교에서 다양한 아이들을 만나며 이미 교사 생활을 해봤던 나는 위풍당당하게 나의 첫 제자들을 맞았다. 초등학교 5학년 아이들이었다. 교실을 향해 걸어가며 나는 아름다운 상상을 했다.

'아이들이 천사 같은 눈동자를 초롱초롱 빛내며 나를 쳐다보겠지?'

이런 생각에 얼굴 가득 미소를 담고 교실 문을 열었다. 드르륵. 교실 문이 열리고 아이들을 마주하는 순간 나는 당황할 수밖에 없었다. 내가 기대했던 초롱초롱한 눈빛은 온데간데없고 맹한 눈빛으로 나를 바라보는 아이들이 대부분이었다. 그나마 나를 봐주는 아이들은 상태가 양호한 편이었다. 아예 담임이 누군지 상관없다는 듯 엎드려 자는 아이도 있었다. 한 열흘 동안 야근한 샐러리맨 같았다. 나는 놀란 가슴을 쓸어내리며 아이들의 상태를 하나하나 파악해갔다. 간단히 내 소개를 한 후 아이들에게 물었다.

"너희들 피곤하니?"

이구동성으로 대답이 나왔다.

"네."

'한창 팔팔하게 뛰어다녀야 할 시기에 피곤이라니…….'

그 이유를 물었더니 이런 대답이 돌아왔다.

"잠을 못 잤어요. 힘들어요."

그래서 몇 시에 집에 들어가는지 조사해보았다. 45명 중 30명이 밤 10시 넘어서야 집에 들어간다고 했다. 11시 반에 들어간다는 아이는 8명이었다. 그제야 아이들의 모습이 이해되었다. 학교 끝나고 학원 뺑뺑이 돌고 밤 10시, 11시에 집에 들어가 또 숙제하다 잔다고 하니 피곤할 수밖에 없었다. 그 이후 며칠 동안 아이들을 관찰해보니 말귀도 못 알아듣고 발표도 못 하고 친구가 하는 말도 이해 못 하는 아이들이 많았다. 스트레스가 많아서인지 아이들끼리 싸움도 잦았고 대화에 욕이나 비속어가 난무했다. 게다가 남자 선생님 반이라고 그 학년에서 문제아라 낙인찍힌 아이들을 모아놓은 상태였다.

아이들 현실이 이런데 시간표대로 정해진 수업을 할 수 없었다. 나는 수업시간의 60퍼센트를 놀게 하였다. 하루가 6교시면 4교시는 놀고 2교시만 수업을 진행했다. 당시 내가 제일 싫어했던 아이들은 공부만 열심히 하는 아이들이었다. 그 아이들은 나가서 놀라고 하면 눈을 동그랗게 뜨고 물었다.

"선생님. 학생은 공부해야 하는 것 아니에요?"

나는 단호하게 이야기했다.

"너희의 행복이 공부보다 중요하다."

이렇게 이야기하며 아이들을 무조건 운동장에 나가서 놀게 했다. 처음에는 어색해하고 불안해하던 아이들도 내가 단호한 태도를 보이니 무척 즐거워하며 친구들과의 놀이를 즐겼다. 공부해야 한다고 말하는 아이도 알고 보면 엄마가 무서워서 공부하는 경우가 많았다. 공부는 아이를 행복하게 만들기 위해 하는 것인데 공부 때문에 아이들이 불행해지고 있었다. 인문학 공부를 하다 보면 본질을 파고들게 된다. 공부의 본질을 파고들면 현재의 교육제도는 말이 안 되는 것이기 때문에 이를 바꾸려 노력하게 된다. 그것이 지행합일知行合一 인 것이다.

나는 초등학교 교사 시절 '6.3.1 교육법'을 실천했다. 아이들과 함께 하는 시간의 60퍼센트는 놀고, 30퍼센트는 열심히 공부하고, 10퍼센트는 책을 읽거나 토론을 하는 인문학 교육을 했다. 공부는 교과서 위주로 했다. 어렸을 때부터 학원에 다닌 아이들은 교과서보다는 참고서나 문제집에 더 익숙하다. 그래서 단편적인 지식을 외우는 것은 잘하지만,

종합적인 사고를 묻는 질문에는 답하지 못한다. 예를 들어 '다음 중 광개토대왕의 업적이 아닌 것은?'이라는 문제의 답은 잘 고르지만, '광개토대왕의 업적에 대해 쓰시오.' 하면 3~4줄도 쓰지 못하는 것이 대부분이다. 내용도 '광개토대왕은 위대하다' '무엇무엇을 만들었다' 등 단순한 정보 나열에 그친다. 게다가 광개토대왕에 관해 설명해보라고 하면 꿀 먹은 벙어리가 된다. 왜 글로 쓰고 말로 표현하지 못하냐면 머릿속에 든 것이 없기 때문이다. 이것이 우리나라 교육의 현실이다. 나는 교과서를 여러 번 읽게 하고 설명해준 다음 무조건 일어나서 발표하게 하였다. 처음에는 어색해하고 힘들어했지만, 아이들은 자신들이 이해한 만큼 발표하면서 점점 실력을 쌓아나갔다.

나머지 10퍼센트는 인문학 교육 시간이었다. 인문학 교육을 위해 나는 신문 자습을 과감히 폐지했다. 당시에는 아침 자율학습 시간에 아이들에게 신문을 나눠주고 읽게 했는데 그 속내를 들여다보니 학교와 신문사가 연계되어 단체로 구독했기 때문이었다. 물론 신문 구독이 나쁜 것은 아니지만, 어른이 되면 읽을 것을 벌써 읽게 할 필요는 없었다. 더군다나 신문은 하루만 지나도 쓸모없는 것이 되어버리는 것이 대부분이지만, 인문고전은 적게는 수백 년 많게는 수천 년 동안 내려온 인류의 지혜였다. 신문이 '코카콜라'라면 인문고전은 2000년 묵은 '산삼'인 것이다. 신문사에서는 신문을 읽으면 두뇌발달이 되고 논리적 사고력과 경제 감각을 키울 수 있다고 홍보했지만, 그 효과는 미미했다. 초등학교 6년 내내 신문을 읽은 아이들과 그렇지 않은 아이들의 차이는 크지 않았다.

처음에는 아이들에게 신문을 나눠주고 읽기만 하라고 했다. 그리고 집에 갈 때 종이비행기를 접어서 날리라고 이야기하니 아이들이 불안해했다. 신문에 나온 문제지를 풀고, 기사를 오려서 스크랩하던 아이들에게 갑자기 할 일이 없어진 것이다. 아이들은 여전히 예전에 하던 방식대로 신문을 보았다. 그래서 나는 교실에 배달된 신문을 뜯지도 않고 바로 쓰레기통에 넣어버렸다. 몇 차례 반복하자 아이들은 신문을 가볍게 읽기 시작했다. 얼마 후에는 신문 계약 기간이 남았지만 더는 신문을 아이들에게 나눠주지 않았다.

아침 시간은 두뇌가 깨어있는 시간이다. 하루 중 머리가 잘 돌아가는 시간에 신문보다는 인문고전을 읽게 하고 싶었다. 그래서 신문 대신 『논어』를 펴게 하였다. 『논어』나 플라톤을 읽어야 아이들이 생각하게 된다. 어떤 날은 '인'을 주제로 1시간 동안 아이들과 이야기를 하였다. 생각하는 습관, 질문을 던지는 습관은 수업시간에도 이어져 '수상치환'이나 삼각형 넓이 구하는 것과 같은 주제로도 깊이 들어가게 되었다. 하나의 주제를 가지고 깊이 토론하는 능력이 생긴 것이다. 그러면 자연스레 발표력도 생긴다. 그냥 교과서를 외우는 것이 아니라, 내가 생각하는 삼각형의 개념은 이렇고, 이런 원리에서 삼각형 구하는 공식이 나왔다는 등의 설명을 할 수 있게 된다. 이렇게 공부하면 절대 잊어버리지 않고 자기 것이 된다. 그래서 두뇌가 발달하고 변화하는 것이다.

학기 초 우리 반 성적은 전교에서 꼴등이었다. 이런 아이들이 60퍼센트는 신나게 놀고 30퍼센트는 공부하고, 10퍼센트는 인문학 교육을 하는 6.3.1 교육법으로 조금씩 변하기 시작했다. 학기 말에는 반 평균이 1등으로 올라갔고, 전교 1등을 하는 아이도 우리 반에서 나왔다. 나도 깜짝 놀랐고, 아이들도 신기해하였다.

이런 결과가 있기까지 나를 가장 힘들게 했던 사람은 바로 학부모들이었다. 선생이 아이들을 실컷 놀게 하고 공부는 조금 시키고 공자 왈, 맹자 왈 하고 있으니 어느 날 엄마들이 우르르 나를 찾아왔다. 한 20명 되는 분들이 수업이 끝난 후 교실에 들어오셨다. 다들 대단한 결심을 한 듯 근엄한 얼굴이었다. 엄마들은 책상을 직사각형 모양으로 배치한 후에 나에게 가운데 자리에 앉으라고 했다. 나는 엄마들의 기에 눌려 당황한 얼굴로 자리에 앉았다. 엄마들 소개가 장황하게 이어진 후 한 엄마가 이야기를 시작하였다.

"선생님은 분당 엄마들 분위기를 아시는지 모르겠는데요. 저희는 이대 정도 나왔으면 대학 나왔다고 이야기 안 해요. 서울대 나오고 박사 정도는 따야 엄마들 모임에 낄 수 있거든요. 하버드 나오고 예일 나온 엄마들도 있고요."

지방 교대를 학점 2.2로 졸업한 나는 왠지 기가 죽는 느낌이었다. 애써 태연한 척하며 물었다.

"그런데 어쩐 일로 이렇게 오신 겁니까?"

다른 엄마가 이야기했다.

"우리도 읽어본 적 없는 논어, 플라톤을 왜 아이들에게 읽히시는 거죠? 옆 반은 쪽지시험 보는데 왜 시험을 안 보시는 거죠?"

내가 대답했다.

"아이들을 인간적으로 키우기 위해서입니다."

여기저기서 엄마들의 항의가 이어졌다.

"인간적인 것도 좋지만 애들 성적이 떨어지지 않습니까?"

"우리가 알아서 인간적으로 키울 테니 선생님은 공부에만 신경 써주세요."

결론은 쪽지시험을 보라는 이야기였다. 나는 단호하게 거절했다.

"못합니다."

내가 강경하게 말하자 엄마들의 얼굴이 백지장처럼 하얗게 질리는 것이 느껴졌다. 엄마들은 하나둘씩 일어나 교실을 나갔고 바로 교장실로 쳐들어갔다. 다음 날 나는 교장실에 불려갔다. 교장, 교감의 회유와 협박이 이어졌다.

"어제 학부모들하고 무슨 이야기를 했던 거야. 교육청에 가서 데모한다고 하더라. 지금이 어느 때인 줄 알아? 얼른 사과해. 잘못했다고 하라고."

나는 그럴 수 없다고 했다. 잘못한 것이 없기 때문이었다. 학부모들이 교육청 가서 데모한다면 그 결과를 받아들일 수밖에 없었다.

교실로 돌아오니 아이들도 대충 분위기를 알고 있는 듯 긴장한 눈빛으로 나를 바라보았다. 나는 아이들을 보며 이야기했다.

"미안한데, 선생님은 계속 이렇게 가르칠 거야."

그 후로 공부에 미련을 놓지 못했던 아이들까지 노는 재미에 빠져들기 시작했다. 당시 우리 반에 우울증으로 정신과 약을 먹는 아이들이 대여섯 명이 있었는데 어느 순간 약을 끊게 되었다. 매일 학교에 와서 노니 우울할 틈이 없었던 것이다. 어떤 엄마는 나를 찾아와 이런 이야기를 해주기도 했다.

"아이가 밤에 잠을 잘 못 자요. 내일 학교 가면 무슨 일이 벌어질지 설레어서 잠이 안 온다는 거예요."

다른 반 아이들이 피로에 절어 축 처진 어깨로 등교할 때 우리 반 아이들은 신발주머니를 돌리며 등교했다. 교실이 바뀌었고 피로에 절어 있던 아이들의 얼굴에 생기가 넘쳤다. 아이들의 성적이 올라간 것은 그 다음 문제였다. 무엇보다 기쁜 것은 내가 교사로서 살아 있었고 아이들도 살아 있었고 우리가 교실에 있는 시간이 굉장히 즐거웠다는 것이다. 내 인생에서 삶의 아름다운 느낌표를 무수히 만들어갔던 시간, 평생 잊을 수 없는 기억이다.

이런 교육이 내가 해서 됐고 다른 사람이 하면 안 되는 것일까? 다른 학교에서는 불가능하고 가정에서는 불가능한가? 우리나라에서는 불가능할까? 아니다. 해보니 가능한 교육이었다.

이런 것들이 내게는 인문학 교육의 훈련 시간이었다. 인문학을 공부하면서 나는 '어떻게 살아야 하는가?' '어떤 것이 바른 교육인가?'에 대해 치열하게 고민하고 나만의 답을 찾아갔다. 수많은 책을 읽고 나보다 앞서간 사람들의 사례를 보면서 내가 가야 할 길에 대한 확신을 가질 수 있었다. 위대한 삶은 못되더라도 인간적인 삶을 살고 싶었다. 그래서 내가 가르치는 아이들에게 인문학 교육을 했고, 아이들과 함께하면서 내 삶에도 변화가 일어났다.

플라톤의 '대화편'을 읽고 소크라테스의 사상에 대해 아는 것은 방법에 불과하다. 아이와 부모, 아이와 교사가 행복한 순간을 만들고 그 순간을 지키기 위해 노력하는 것이 중요하다. 또한 나 혼자만의 행복이 아니라 모두의 행복으로 전환하려 노력해야 한다. 모두가 행복한 세상을 만들려면 내가 힘이 있어야 하고 실력을 키워야 한다. 이런 사실을 알게 되면 아이들은 스스로 공부한다. '자기주도학습'을 하는 것이다. 성적을 올리려고 억지로 애쓸 필요가 없다. 아이들을 행복하게 만들어주고 그 행복을 세상과 나누게끔 동기를 유발하고 지속적으로 인문학 교육을 실천하면 아이 스스로 공부하게 된다.

두뇌를 일깨워라

6.3.1 교육법의 핵심은 자유로운 놀이로 아이의 두뇌를 깨우고, 교과서 중심으로 집중력 있는 학습을 하고, 인문고전을 통해 삶의 지혜를 배우는 것이다. 처음 아이들에게 이 학습법을 적용할 때만 해도 확신이 없었다. 마음껏 놀아야 아이들의 뇌가 열려 지식을 쏙쏙 받아들이게 된다는 것을 이론으로는 알고 있었지만 실제로 그렇게 되는지 확신할 수 없

었다. 하지만 공부를 힘들어하고 학원 다니느라 지쳐 있는 아이들을 그냥 놔둘 수 없었다. '일단 해보자. 아이들을 위한 것이니 효과가 있을 거야'라는 마음으로 6.3.1 교육법을 실천했다. 결과는 성공이었다. 아이들은 전보다 행복해졌고, 성적도 올랐으며 스스로 생각하게 되었다. 나는 현행 교육 과정에서 초등학교 때부터 고등학교 1학년까지는 하루의 60퍼센트를 놀고, 나머지 40퍼센트만 공부해도 자기가 목표로 하는 성적을 얻을 수 있다는 확신을 가지게 되었다.

  6.3.1 교육법을 1년에 대입해보자. 아이들은 1년의 60퍼센트인 7개월 동안 실컷 놀고, 30퍼센트인 4개월 동안 공부를 한다. 4개월이면 국어·영어·수학·사회·과학 등 아이들 성적과 관련된 주요 과목을 충분히 공부할 수 있는 시간이다. 더군다나 교과서 위주로 공부하면 4개월 동안 최소 4~5번은 교과서를 독파할 수 있다. 요즘 아이들은 학원에서 문제풀이 위주로 공부하기 때문에 교과서 위주로 문제를 내면 점수가 낮게 나오고, 자기 생각을 묻는 문제에는 아예 답을 쓰지 못한다. 교과서에는 어떤 과목이든 배워야 할 내용의 처음부터 끝까지 잘 정리가 되어 있어서 교과서를 열심히 읽으면 누구나 좋은 성적을 받을 수 있다.

  과학 과목을 예로 들어보자. 교과서에서는 그 단원의 학습 목표부터 시작해서 실험 준비, 실험하기, 보고서 쓰기 등 한 단원을 배우는 데 짧게는 2시간에서 길게는 3~4시간까지 할애한다. 학원에서는 요점정리 위주의 강의로 10분이면 끝낼 내용을 그 몇 배의 시간에 걸쳐 배우고 있다. 그래서 학원에 다니는 아이들은 학교 수업을 지루해하지만, 교과서 위주로 공부한 아이들에게는 지식이 체계적으로 쌓인다.

1년의 10퍼센트에 해당하는 한 달은 인문고전을 읽고 생각하고 필사하는 시간이다. 한 달 동안 인문고전에 푹 빠져서 지낸다고 상상해보라. 인문고전의 주제는 '인생'이다. 인생에 대해 동서양의 위대한 철학자들이 어떤 생각을 했는지 알아보고 그것을 내 것으로 만드는 과정은 아이들뿐 아니라 어른들에게도 꼭 필요한 시간이다. 인생에 대한 탐색을 시작하는 사춘기에 인문고전을 접하게 되면 아이의 가치관 형성에 큰 도움이 된다. 동서양의 철학자들은 '인생'이라는 주제에 대해 자기 의견을 밝히고 논증하고, 상대방 의견에 대해 논리적 근거를 들어 반박한다. 이런 철학자들의 논쟁 과정을 접하면서 아이들의 두뇌는 비약적으로 발전하고 논리적·창조적 사고력도 커지게 된다.

내가 아이들에게 인문고전을 읽히자, 앞에서 이야기한 학부모뿐 아니라 동료 교사들도 "왜 어른들도 이해하기 어려운 책을 아이들에게 읽히냐"며 반론을 제기하였다. 내가 아이들에게 인문고전을 읽힌 이유는 아이들에 대한 믿음이 있었기 때문이었다. '우리 반 아이들은 이 세상에 존재하는 그 어떤 책도 다 소화할 수 있다'는 믿음 말이다. 실제로 우리 조상들은 초등학생 나이에 사서삼경을 읽었다. 서양 학생들도 비슷한 나이에 희랍 철학을 공부하였다. 과거의 아이들이 공부한 것을 요즘 아이들이 못할 리 없지 않은가. 이런 나의 믿음에 화답이라도 하듯 우리 반 아이들은 즐겁게 인문고전을 읽었고, 수천 년의 세월을 뛰어넘는 책을 읽었다는 사실에 자부심을 느꼈다.

이번에는 6.3.1 교육법을 학교가 끝난 후인 오후 3시부터 밤 11시까지 일과에 적용해보자. 8시간 중 4시간 48분은 놀고, 2시간 24분은 공부하고, 48분은 책을 읽는 시간이다. 하루 2시간 30분 공부하는 것이 너무 적다고 생각하는 부모들이 많을 텐데 그렇지 않다. 그 2시간 30분이 '선생님에게 배우는 시간'이 아니라 '스스로 공부하는 시간'이 된다면 말이다. 배우는 것과 공부하는 것의 차이가 무엇일까? 배우는 것은 선생님이 가진 지식을 습득하는 것으로, 수동적인 학습 방법이다. 공부하는 것은 배운 것을 스스로 익히는 과정이다. 학교에서 배운 것을 매일 2시간 30분 동안 스스로 공부한다면 당연히 성적은 오르게 된다.

문제는 집중력이다. 산만한 상태로 8시간 책상에 앉아 있는 것보다는 집중해서 1시간 공부하는 것이 더 효과가 높다. 유명한 학원을 보내고, 숙제를 꼬박꼬박 시키고, 고액과외를 해도 성적이 오르지 않는 것은 아이가 집중하지 않기 때문이다. 아니, 더 정확히 이야기해 집중할 마음이 없기 때문이다. 집중력은 즐거운 마음에서 나온다. 그래서 60퍼센트의 노는 시간이 필요한 것이다. 방과 후 아이에게 주어진 8시간을 사교육 중심으로 보내는 것은 정말 어리석은 짓이다. 스스로 공부하지 않는 아이들은 학교에서 배운 내용을 학원에서 까먹고, 학원에서 배운 내용을 다음 날 학교에 와서 까먹는다. 돈 버리고, 시간 버리고, 아이를 망치는 일을 언제까지 계속할 것인가.

스스로 공부하는 아이를 만들기 위해서는 세 가지 원칙을 지켜야 한다.

첫째, 아이의 두뇌가 즐거워야 한다. 요즘 아이들은 '죽고 싶다'는 말을 정말 많이 한다. 그 원인 중 하나가 '공부가 힘들어서' '학원 가기 싫어서'이다. 실제로 학교보건연구회의 조사 결과에 따르면 초등학교 6학년생의 약 3분의 1이 학원, 숙제 등의 학업 부담과 성적 비관으로 자살 충동을 느끼고 있다고 한다. 이런 상황에서 어떻게 공부를 하고 책을 읽을 수 있겠는가. 인간의 두뇌는 기계가 아니다. 두뇌도 쉬어야 하고 즐거워야 한다. 그래야 스트레스 호르몬이 날아가고 집중력의 근원이라는 알파파alpha波가 생겨난다. 스스로 공부하는 아이를 만들고 싶다면 가장 먼저 해야 할 일이 아이의 뇌를 즐겁게 해주는 것이다.

둘째, 아이에게 공부하는 이유를 가르쳐야 한다. 우리나라 아이들에게 "너 왜 공부하니?"라고 물어보면 십중팔구는 "엄마가 하라고 해서요"라고 대답한다. 즉 자의가 아니라 타의에 의해 공부하고 있다. 시험 점수를 잘 받으면 용돈이 생기니 공부하고, 시험 점수가 떨어지면 핸드폰을 빼앗기니 울며 겨자 먹기로 공부하는 것이 우리 아이들의 현실이다. 하지만 이렇게 해서는 공부를 제대로 할 수 없다. 단기적으로 성적을 올릴 수는 있겠지만, 이것은 진정한 의미의 공부가 아니다.

공부를 시작하기 전에 먼저 아이에게 공부하는 이유를 가르쳐야 한다. 엄마나 아빠가 알려주는 것이 아니라 아이 스스로 그 이유를 찾도록 해야 한다. 엄마·아빠가 흔히 이야기하는 이유들은 아이의 마음을 움직이지 못한다. "네 미래를 위해서 공부해"라고 하면 아이들은 공부 안 하고도 성공한 사람들 이야기를 한다. "좋은 대학 가야 좋은 직장 가서 돈 많이 벌어"라고 말하는 것도 이유가 되지 않는다. 아이들이 조금만 주변으로 시선을 돌리면 좋은 대학 나오고도 돈 못 버는 사람들이 많기 때문이다. 오히려 고등학교만 졸업하고도 가수로 성공한 아이돌 스타에 열광하며 공부를 뒷전에 놓을 수 있다.

상투적인 이유가 아닌, 아이가 자기 마음 깊은 곳에서 동의할 만한 이유를 찾아야 한다. 어른들 역시 자신이 하는 일을 왜 해야 하는지 모르면 일의 효율이 떨어지게 된다. 아이들은 공부를 해야 하는 자기만의 이유를 갖게 되면 누가 뭐라 하지 않아도 열심히 공부한다. 그래서 아이들에게 공부하는 이유를 알게 해야 한다. 그 방법은 아이가 자신의 미래에 대해 충분히 생각할 수 있도록 시간을 주고, 생각할 거리를 제공해주는 것이다.

셋째, 아이의 현재를 이해하고 미래를 믿어야 한다. 많은 아이가 공부를 잘하고 싶어 하면서도 한편으로는 '나도 공부를 잘할 수 있을까?'라는 의구심을 갖고 있다. 그래서 공부를 조금 했는데 성과가 나지 않으면 '난 역시 안 되나 보다' 하고 포기한다. 여기에 "너 이렇게 공부해서 뭐가 될래?"라는 구박과 "○○처럼 열심히 해봐"라는 비교가 더해지면 아이의 자존감은 바닥으로 떨어진다. 이렇게 해서는 아이 스스로 공부하게 만들 수 없다. 아이가 아무리 공부를 못하더라도 앞으로 더 나아질 것이라는 믿음이 있어야 한다.

아이가 공부를 못하고 있다면 그것은 아이의 마음가짐과 공부 방법이 잘못되어 있기 때문이다. 아이가 한글과 아라비아 숫자, 알파벳만 알고 있다면 언제든지 우등생이 될 수 있다는 믿음으로 아이를 대해야 한다. 그리고 부모가 아이를 믿고 있다는 것을 수시로 알려주어야 한다. 그렇게 아이의 두뇌에 자신감과 자기 자신에 대한 믿음을 심어주면 아이가 달라진다.

시중에는 공부법과 관련된 많은 책이 나와 있다. 책 읽는 법, 노트 필기법, 암기법 등 다양한 학습법이 있는데 이것들은 하나같이 '밖으로부터의 변화'를 강조하고 있다. 공부하는 방법만 바꾸면 아이가 공부를 잘할 것처럼 이야기하는데 그렇지 않다. 아이의 마음 안에서 공부할 준비가 되어야 이런저런 학습법도 효과가 있고 공부도 잘하게 된다. 따라서 무엇보다 먼저 아이의 마음에 집중해야 한다. 그것이 아이를 인간적으로 대하는 것이고, 아이의 두뇌를 깨우는 길이다.

TIP
6.3.1 교육법을 실천하는 아이들을 위한 일과표

6.3.1. 교육법에 맞춰 아이들의 일과표를 만들어보았다. 평일에는 잠자는 시간과 학교생활을, 주말에는 잠자는 시간을 빼고 시간 배분을 하였다. 매일 학원에 다니는 요즘 아이들의 일과와 비교하면 매우 단순하다. 아이의 일과는 단순할수록 좋다. 단순한 일과를 통해 여유 시간을 많이 갖게 되면 아이는 생각을 많이 하게 되고, 자유로운 생각을 통해 아이의 두뇌는 성장한다.

	월	화	수	목	금	토	일
0~1							
1~2							
2~3							
3~4			잠자기				
4~5							
5~6							
6~7							
7~8			아침식사 및 등교			아침식사 및 놀기	
8~9							
9~10							
10~11						공부하기	
11~12			학교생활				
12~13							
13~14						점심식사 및 놀기	
14~15							
15~16			놀기			공부하기	
16~17							
17~18			공부하기				
18~19							
19~20						저녁식사 및 놀기	
20~21			저녁식사 및 놀기				
21~22							
22~23			독서하기			독서하기	
23~24			취침				

	월	화	수	목	금	토	일
0~1							
1~2							
2~3							
3~4							
4~5							
5~6							
6~7							
7~8							
8~9							
9~10							
10~11							
11~12							
12~13							
13~14							
14~15							
15~16							
16~17							
17~18							
18~19							
19~20							
20~21							
21~22							
22~23							
23~24							

2 인문고전 독서법

인문고전을 읽는 5가지 단계

드디어 기초공사를 모두 마치고 아이에게 인문고전을 읽힐 준비가 되었다. 기초공사에 심혈을 기울였던 만큼 책 읽기도 단계별로 차근차근 나아가야 한다. 책 한 권을 온전히 내 것으로 만들기 위해서는 다음의 5단계를 거쳐야 한다.

❶ 통독하기

아이와 함께 처음부터 끝까지 책을 읽어보는 것이다. 책 속으로 여행을 떠날 때 필요한 관광안내지도를 만드는 작업이라 이해하면 쉽다. 한 문장 한 문장을 이해하기 위해 애쓰기보다는 책의 전반적인 내용은 어떠한지, 작가의 문체는 어떠한지 전체를 보고 생각하는 과정이다. 지도를 잘 그려야 길을 정확히 찾을 수 있는 것처럼 통독을 잘해야 전체적인 관점에서 생각하게 된다. 정독을 위해 하는 탐색이라 할 수 있다.

❷ 정독하기

한 단락, 한 문장 세부적으로 읽으면서 깊게 생각하는 과정이다. 관광안내지도를 들고 관광지의 구석구석, 건물 하나하나를 세밀하게 살펴보는 것에 비유할 수 있다. 이해가 안 되면 몇 번이고 다시 읽고, 가슴을 치는 문장을 만나면 밑줄을 그으며 읽는다. 아이들은 특히 반복 독서를 좋아한다. 아이가 어렸을 때 책을 읽어주면 자신이 좋아하는 책을 몇 번이고 계속 읽어달라고 했던 경험이 있을 것이다. 정독을 통해 저자의 마음에 가까이 다가갈 수 있다.

❸ 필사하기

인문고전 독서에서는 필사 과정이 중요하다. 필사해보면 알겠지만, 통독·정독을 다 하고 필사를 했음에도 불구하고 어떤 문장은 처음 대하는 것 같은 느낌이 들 때가 있다. 필사는 책을 더 깊이 이해하는 과정이다. 통독은 '눈으로 책 읽기'이고 정독이 '뇌와 마음으로 책 읽기'라면 필사는 '온몸으로 책 읽기'라 할 수 있다. 필사할 때는 눈, 머리, 가슴, 손 등 내 몸의 여러 부위에서 많은 감각이 동시에 작용한다.

수영하는 과정에 비유하자면 통독은 수영장에 갈 마음을 내는 것, 정독은 수영장까지 가는 것, 필사는 직접 수영하는 것이라 할 수 있다. 필사하는 순간 뇌가 열리는 느낌을 받고 토론할 거리를 찾게 된다. 눈으로 읽을 때는 토론 주제를 찾기 힘들지만, 필사를 하면 다양한 궁금증과 자기 의견이 생긴다. 필사할 때는 책의 처음부터 끝까지 토시 하나 빠뜨리지 않고 베끼는 방법과 정독하면서 밑줄 그었던 부분만 쓰는 방법이 있다.

❹ **자신만의 의견 갖기**

인문고전을 정리해서 내 것으로 만드는 과정이다. 앞의 세 단계는 주인공이 인문고전이었지만 여기서부터는 내가 주인공이 된다. 인문고전이 나를 위해 존재하는 순간이다. 이 책에서 내가 취해야 할 것은 무엇이고 버려야 할 것은 무엇인가, 나를 어떻게 성장시킬 것인가 하는 구체적인 내용까지 나오는 단계이다.

 인문고전 속에서 철학과 역사를 만나고 그 안의 메시지가 나의 철학과 역사가 되는 인문학을 해야 한다. 그러지 않고 책을 읽는 것은 영화나 드라마를 보는 것과 똑같다. 물론 영화 〈어벤저스〉에도 '메시지'가 들어있다. 그 메시지는 '불가능한 목표에 맞서 타인을 위해 목숨을 내놓고 세상을 구한다'로 정리할 수 있다. 분명 인문학적인 메시지이다. 하지만 〈어벤저스〉를 보고 가슴이 불타오르지는 않는다. '잘못된 제도를 고치기 위해 나도 목숨을 바치겠어!' 이러지는 않는다. 인문학적인 사고과정, 즉 영화의 메시지가 내 것이 되는 과정을 거치지 않았기 때문이다. 자신만의 의견 갖기 과정이 없으면 인문고전 역시 잠시 나를 거쳤다가 모래알처럼 사라져버린다.

❺ 대화와 토론하기

대화와 토론은 인문고전 독서에서 빼놓을 수 없는 과정이다. 아이와 함께 책을 읽고 필사하고 사색하고 난 후 대화의 시간을 갖는다. 기본적으로 인문학은 '대화'이다. 대화를 통해 진리와 행복의 길로 가는 것이다. 이 대화에 아이를 깨우쳐주는 것이 있어야만 아이 스스로 자신을 변화시킨다. 그렇다고 해서 너무 어렵게 생각할 필요는 없다. 처음에는 책을 읽은 감상을 가볍게 나누는 것부터 해본다.

대화가 충분히 이루어진 다음에는 적절한 주제를 잡아 토론해본다. 아이와 부모 사이에 공감과 애정이 넘치는 대화가 없는 상황에서 토론을 시작하면 어설픈 비난과 비판으로 상처를 줄 수도 있다. 토론의 과정까지 익숙해지면 인문고전 연구가를 만나본다. 인문고전 연구가를 만날 때는 대학교수라든가, 외국에서 공부했다는 등의 유명세만 보고 찾아가지 말고 학문적 깊이가 얼마나 있는지 사회적 공헌활동은 얼마나 하는지 살펴봐야 한다. 앞으로 이야기하겠지만, 인문고전을 읽게 되면 나를 변화시키는 것뿐 아니라 내가 사는 세상을 아름답게 만드는 것에까지 생각이 미치게 된다. 따라서 인문고전 연구가라면 사회적 공헌활동을 하는 것이 바람직하다. 만나보고 싶은 연구가가 결정되었다면 강연장에 가서 강의를 듣고 질문할 수도 있고 이메일을 보내 궁금한 것을 물을 수도 있다. 또 기회가 되면 직접 만나 토론도 할 수 있다.

원문 읽기로 사색의 깊이를 더하라

미국 최고의 사립학교 필립스 엑서터 아카데미는 인문학 교육으로 유명한 곳이다. 미국의 정치계·경제계·문화계를 이끄는 리더들의 4분의 1이 다닌 곳이고, 페이스북의 창업자 마크 저커버그도 이 학교 출신이다. 도서관의 장서가 12만 권이나 될 정도로 인문학 교육에 힘쓰고 있는 곳으로 이곳에서도 원문 읽기를 강조하고 있다.

한 일간지 기자의 말에 따르면 필립스 엑서터 아카데미에서는 우리나라 학제로 치면 고3에 해당하는 졸업학년이 되면 고대 인문고전을 라틴어 원문으로 읽고 논문으로 쓰게 한다. 단순히 원서 내용을 정리하는 것이 아니라 자기 생각을 그리스어나 라틴어로 써야 한다. 졸업식 때 이 논문을 심사하여 10명에게 월계관을 씌워주는 행사를 하는데 이는 '최고의 졸업생'이라는 의미이다. 졸업식이 끝나면 밀가루를 뿌리고 교복을 벗어 던지는 우리네 졸업식과는 사뭇 다른 풍경이다.

인문고전을 원문으로 읽으면 저자의 생각과 마음에 바로 닿을 수 있게 된다. 번역서나 해설서는 저자가 아닌 다른 사람의 집필과정을 거치게 되므로 저자가 아니라 번역자나 해설자의 시각을 갖게 되기 쉽다. 마크 저커버그는 원문 읽기의 진수를 보여준 사람이다. 그는 아즐리 고등학교에 다닐 때 서양고전학 과목에서 두각을 나타냈고, 필립스 엑서터 아카데미로 학교를 옮긴 후에는 과학과 서양고전 연구 과목에서 우수한 성적을 받았다. 영어 외에도 프랑스어·히브리어·라틴어·고대 그리스어를 할 수 있었기에 모든 고전은 원서로 읽었다.

서양의 3대 문학고전으로 호메로스의 『오디세이아 Odysseia』 『일리아스 Ilias』, 베르길리우스의 『아이네이스 Aeneis』가 있는데 마크 저커버그는 특히 『아이네이스』에서 영감을 받았다. 하버드 대학에 다니며 페이스북을 창업했던 마크 저커버그는 『아이네이스』를 읽으면서 페이스북의 미래를 그렸다고 한다. 『아이네이스』에서 '팍스로마나'의 개념을 접하면서 당시 하버드대 학생들을 대상으로 개발했던 페이스북을 전 세계로 보급할 계획을 세운 것이다.

만약 『아이네이스』가 없었다면 지금의 페이스북이 있었을까? 아마 하버드 대학 안의 SNS로만 남았을 것이다. 이래서 인문학적 성찰이 무서운 것이다. 인문학을 대충 하면 별 볼 일 없지만, 원문으로 읽고 깊이 생각하고 이것을 어떻게 현재에 접목할 것인가 성찰하면 굉장한 폭발력이 생긴다.

그런데 평범한 우리가 라틴어나 그리스어로 된 원서를 읽는다는 것은 불가능에 가깝다. 그렇다고 원문 읽기의 효과와 즐거움을 포기할 수는 없는 일. 동양고전을 원서로 읽을 것을 제안한다. 『논어』나 『맹자』, 『명심보감』 등은 한자 실력이 조금만 있으면 누구나 읽을 수 있다. 사서삼경은 중고등학교 교과서에도 나오기 때문에 중고등학생 수준의 한자 실력만 갖추면 어렵지 않게 도전할 수 있다.

고전을 원문으로 읽으면 번역서로 읽을 때보다 그 읽기의 폭과 깊이가 넓어지고 깊어진다. 또한 누가 이야기하지 않아도 스스로 온갖 주석서와 해설서를 구해 읽게 되고 강의까지 찾아 듣게 된다. 당연히 인문학적 내공이 깊어질 수밖에 없다. 그러나 원문 읽기를 한다면서 고통스럽게 책을 읽는다면 처음에 세웠던 '행복해야 한다'는 원칙에 위배된다. 초등학교 5학년 때부터는 번역서로 읽게 하고 한문을 배우는 중학교 때부터 가볍게 원문 읽기를 시작해도 좋을 것이다.

부모나 교사는 번역서나 해설서보다는 동양고전 원서를 먼저 접할 것을 권한다. 저소득층 아이들을 위한 인문 교육 봉사자를 양성하면서 느낀 점은 해설서를 읽으면 그만큼 사색을 안 한다는 것이었다. 20년 가까이 받아온 주입식 교육 때문인지 인문고전을 읽고 느낀 점을 발표하는데 그 내용이 다들 비슷비슷했다. 알고 보니 해설서의 내용을 요약해온 것이었다. 교과서 대신 참고서를 읽고 발표하는 느낌이랄까? 자기 생각과 느낌은 없고 해설서의 내용을 기가 막히게 정리해왔다.

나는 해설서를 읽지 말고 원문을 읽으라고 이야기했다. 처음에는 "원문을 어떻게 읽느냐"며 당황해하던 사람들이 점차 원문 읽기의 재미에 빠져들었다. 공부방 자원봉사자 중에는 직장인들이 많았는데 직장 생활을 하면서 책 읽고 토론하는 것이 시간상 쉽지 않았음에도 다들 열정을 가지고 참여하였다. 2주에 한 번씩 교육했는데 교육 전까지 인문고전 5~6권, 교육 관련 서적 2~3권 정도를 읽어야 하고 토론할 내용도 정리해야 했다. 철학과 대학원에 다니는 친구는 태어나서 가장 뜨겁게 공부한 것 같다고 이야기했고, 직장인들 역시 열심히 공부하면서 만족감을 드러냈다. 원문 읽기를 통해 인문고전의 참맛을 느낀 것이다. 이런 공부방 자원봉사자들의 기쁨은 아이들에게도 전해졌고, 인문고전을 접한 아이들은 희망을 품고 미래를 계획하기 시작했다.

서양 인문고전은 축약본이나 중역본이 아닌 원전 완역본을 읽어야 한다. 나는 『생각하는 인문학』에서 이렇게 이야기했다.

우리나라에는 중역본과 축약본이 아주 많다. 중역본은 그리스어 원전의 영어 번역서를 한국어로 옮긴 것 또는 그리스어 원전의 영어 번역서의 일어 번역서를 한국어로 옮긴 것이고, 축약본이라 함은 중역본을 임의로 줄인 것이다. 우리나라에서는 1920년대부터 원전을 직접 번역하는 문화가 있었고 특히 최근 들어서 완전 완역이 새로운 번역 문화로 자리 잡아가고 있는 중이다. 이 새로운 번역문화를 주도하고 있는 번역가들이 한국어로 옮긴 인문고전은 무조건 읽는 것이 좋다. 무엇보다 이 번역가들은 원전 이해의 열쇠가 되는 단어 하나를 우리말로 제대로 옮기기 위해서 몇 년씩 공부하고 고뇌하는 참된 인문학자들이기 때문이다. 또 이들이 출간한 번역서들은 원전 독서의 가장 훌륭한 참고서이기 때문이다.

대표적으로 빅토르 위고가 쓴 『레미제라블Les Misérables』의 완역본은 2500쪽이 넘는다. 하지만 우리는 보통 100~200쪽의 축약본을 읽고 『레미제라블』을 다 읽었다고 하는 경우가 많다. 문제는 축약본을 가지고는 작품의 주제를 파악하기 힘들다는 것이다. 장발장에만 초점이 맞춰진 축약본을 통해서는 미리엘 주교의 삶을 알 수 없기 때문이다. 번역본을 택할 때는 중역본보다는 되도록 원전을 직접 번역한 책, 완역한 책을 선택해야 한다. 제대로 된 인문고전 읽기는 원문 읽기, 원전 완역본 읽기를 통해 이루어질 수 있다.

『논어』부터 시작하는 인문고전 독서법

인문학 공부에 가장 기본이 되는 교과서는 『논어』다. 논어는 공자와 제자들의 대화를 기록한 책으로 20편 428장으로 구성되어 있다. 한 장이 2~3줄밖에 안 되는 경우가 많아서 읽기 어렵지 않다. 내용도 공자의 격언이나 금언 위주여서 이해하기 쉬운 편이다. 그래서 인문고전을 한 권이라도 제대로 읽으려면 『논어』부터 시작하는 것이 좋다. 아이와 함께 한 장씩 통독하고, 정독하고, 필사하고, 의견 갖기 과정을 거치면서 읽어나가면 지루하지 않게 읽을 수 있을 것이다.

   그러면 앞에서 이야기한 인문고전 읽기 5단계에 맞춰 『논어』를 읽어보도록 하자.

『논어』 제1편 「학이學而」의 첫 구절은 다음과 같다. 고등학교 교육과정을 마친 사람이라면 누구나 알고 있는 문장이다.

子曰, 學而時習之 不亦說乎　　자왈, 학이시습지 불역열호
有朋自遠方來 不亦樂乎　　　　유붕자원방래 불역낙호
人不知而不慍 不亦君子乎　　　인부지이불온 불역군자호

❶ 통독하기

먼저 통독으로 뜻을 알아본다.

공자께서 말씀하시기를, 배우고 때때로 익히면 즐겁지 아니한가?
벗이 있어 멀리서 찾아오면 기쁘지 아니한가?
사람들이 알아주지 않아도 노여워하지 않으면 군자답지 아니한가?

❷ 정독하기

통독으로 전체 맥락을 파악한 다음에는 정독으로 들어간다. 한자어 하나하나, 한 문장 한 문장에 담긴 뜻을 새기며 읽는 것이다.

子曰, 學而時習之 不亦說乎

논어의 시작은 '자왈子曰'이다. 여기서 '자子'는 선생님을 의미한다. 공

자나 맹자, 장자처럼 학식이 높은 사람의 성 뒤에 붙이기도 하는데 『논어』에서 '자子'는 공자를 가리킨다. '공자께서 말씀하시기를'로 간단하게 번역될 수 있지만, 공자의 삶과 시대적 배경까지 파고 들어가면 엄청나게 많은 이야깃거리가 나온다. 실제로 내가 지역아동센터 인문 교육 봉사자들을 대상으로 『논어』를 가르칠 때 '자왈'만 가지고 1년 6개월 동안 강의한 적도 있다(여기에 대해서는 『생각하는 인문학』을 참고하라).

그다음에 나오는 '학學' 또한 한 달은 충분히 공부할 수 있는 주제다. 한자는 갑골문자에서 시작해서 발전했는데 진시황 때는 '배울 학學' 자 옆에 회초리가 붙어 있었다. 당시에는 스승이 회초리를 들고 엄하게 가르쳤다는 의미이다. 한자 하나에서 중국 고대 교육의 역사를 엿볼 수 있다. 그 당시에는 대중적인 학교가 없었다. 학교는 귀족들만 다녔고 평민들은 배움의 기회를 얻지 못했다. 춘추전국시대에 공자가 처음으로 평민을 위한 학교를 만들었는데 이때의 배움은 스승을 찾아가서 궁금한 것을 묻고 가르침을 청하는 형태였다.

여기에서 '춘추전국시대에 배움이란 무엇이었나?'라는 주제로 생각해볼 수도 있고, 논어의 '학'이 우리나라에 어떻게 전래하였는지도 알아볼 수 있다. 이렇게 되면 한국 유학의 역사가 쫙 나오게 되는 것이다. 『논어』는 다산 정약용에 의해 일본으로 전수되었다. 이 대목에서 중국·조선·일본 모두 같은 유학을 기반으로 정치했는데 왜 중국과 조선은 몰락하고 일본은 흥하게 되었는지 의문을 가져볼 수 있다. 동아시아 전체의 역사까지 시각이 넓어지게 된다. 일본은 미국과 연결되어 있었다는 사실에서 서양의 제국주의 역사까지 이어지고 또 제국주의 교육은 어떠했는지, 대영제국 교육과 그 뿌리인 바빌론 제국까지 알아볼 수 있다. '학' 자 하나로 인류의 역사를 종횡무진 누비고 다닌 다음 다시 교육으로 돌아오는 것이다.

이것이 원문 읽기의 매력이다. 번역서를 읽어서는 이렇게 깊이 있는 공부를 할 수 없다. 이런 식의 원문 읽기는 꼭 책을 많이 읽어야만 할 수 있는 것이 아니다. 앞서 이야기한 것들은 인터넷만 뒤져도 3일 안에 다 파악할 수 있다. '끝까지 알아보겠다'는 관심과 열정만 있으면 말이다.

그다음에는 '습習'을 살펴보자. '습' 자 위에 있는 '깃우羽'는 갑골문자로 보았을 때 깃털을 의미한다. 어미 새가 어느 정도 자란 새끼 새에게 나는 법을 가르치기 위해 둥지에서 밀어서 떨어뜨리면 새끼 새는 살기 위해 미친 듯이 날갯짓을 한다. 이처럼 당시 공자와 제자들에게 있어 배움은 목숨을 걸고 온 힘을 다하는 절실한 것이었다. 이 글자를 보면서 나의 배움의 태도를 돌아볼 수 있다. '나에게 배움에 대한 열망이나 절실함이 있었나?' 살펴보는 것이다. '나는 인문학을 왜 하는가?' '왜 아이에게 인문학을 시키려 하는가?' '혹시 인문학이 유행이라서 배우려 하는가?' 따져봐야 한다. 이 절실함이 없으면 인문학의 세계는 절대 열리지 않는다.

有朋自遠方來 不亦樂乎

'붕朋'은 친구를 의미한다. 우리가 가진 친구의 개념은 우연히 만나는 또래이다. 한 반이어서 집이 같은 방향이어서 친구가 되고, 자라서는 취미를 함께하고 같은 직장에 다니는 사람이 친구가 된다. 서로의 고민이 뭔지도 모르고 만나서 수다를 떨고 소소한 일상을 함께하는 참으로 얕은 관계이다. 『논어』에서 '붕'은 같은 뜻을 가지고 있는 사람들, 즉 동지이다. 공자와 그 제자들을 뜻한다. 공자의 사상을 갖고 각 나라에 들어가서 목숨을 걸고 세상을 바꾸고자 했던 사람들, 가족보다 소중한 사람들이 '붕'인 것이다.

이 대목에서 '그럼 내 친구는 왜 붕이 아니지?' 자문해 볼 수 있다. 그 이유는 교육의 문제이다. 조선 시대에는 나이 차이가 크게 나도 한 공간에서 배움을 함께했다. 친한 친구로 알려진 오성과 한음은 나이 차이가 5살이었다. 어렸을 때 죽마고우였던 오성과 한음의 관계가 어른이 되어서까지 유지된 것은 둘에게 백성을 위한 삶을 살겠다는 목표가 있었기 때문이다. 예전 서당에서는 학년의 개념이 없었다. 나이 많은 사람이 어린 사람을 보살피는 관계였는데 일제강점기 때 학년제가 시행되면서 한 살이라도 어리면 존댓말을 하게 하는 등 군대식으로 변했다. 학도병을 양성하고 지휘·감독을 편하게 하기 위해서였다. 이때부터 친구의 개념이 나이가 같은 또래가 된 것이다.

'붕'을 공부하면서 '나에게 어떤 친구가 있었나?' '나는 어떤 친구가 되어야 하나?' 생각해볼 수 있다. '우리나라 교육이 잘못되어 친구의 의미가 변했구나' '일제강점기에 힘이 약해서 이렇게 되었구나' '나라의 힘을 키우려면 어떻게 해야 하지?' 이렇게까지 생각이 발전하면 '붕' 자 하나를 통해 많은 것을 알게 되는 것이다. 우리가 알고 있는 친구의 개념으로만 접근하면 이와 같은 깊은 사색을 할 수 없게 된다.

'자원방래自遠方來' 한자만 봐서는 '멀리서 찾아오면'이라는 뜻이다. 공자가 이 말을 쓴 배경을 살피면 이 네 글자가 더 입체적으로 다가온다. 당시 공자의 제자들은 여러 나라로 흩어져 공자의 사상을 전하고 정치를 바로잡기 위해 애를 썼다. 공자는 항상 제자들이 기쁜 소식을 가지고 돌아오기를 기다리고 있었다. 그러다 다른 나라에서 공자의 가르침을 펼치던 제자들이 드디어 기쁜 소식을 가지고 돌아왔다. 상기된 얼굴로 달려오는 제자와 그 제자를 넉넉한 웃음으로 맞이하는 공자의 모습을 상상해보라. '이 어찌 즐겁지 아니한가'라는 말이 절로 나오지 않는가.

이런 식으로 『논어』의 나머지 부분도 읽게 되면 재미있고 의미 있게 공자의 사상을 접할 수 있다.

❸ 필사하기

통독과 정독을 마치고 나면 필사를 한다. 앞서 이야기한 「학이」 편은 3줄밖에 안 되어 필사도 쉽다. 필사할 때는 아이 취향에 맞는 예쁜 노트 한 권을 마련하도록 한다. 부모도 자신의 것으로 하나 장만해서 아이와 함께 필사를 시작하면 좋다. 아이가 한문 필사를 어려워하면 원문을 흐리게 복사한 다음에 그 위에 눌러쓰게 하면 된다. 글씨가 엉망인 아이들도 복사본에 눌러쓰기를 여러 차례 쓰게 하면 글씨체가 잡힌다.

❹ 자기 의견 갖기

정독을 하면서 가졌던 여러 가지 질문에 대해 자기 의견을 정리해본다. 내가 생각하는 배움은 무엇인지, 나에게 친구는 어떤 의미인지 정리해서 글로 써보면 좋다. 글쓰기라 해서 어렵게 생각할 것은 없다. 그냥 자기 생각을 쓰는 것이다. 아이가 글쓰기를 어려워한다면 한 줄 요약 정도로 해도 된다. 예를 들어 '나는 배움이란 새로운 것을 알게 되는 것이라 생각한다' '나는 친구란 어려울 때 도와주는 사람이라 생각한다'는 식으로 쓰는 것이다. 중요한 것은 자기 의견을 지속해서 써보는 것이다.

❺ 대화와 토론하기

『논어』의 「학이」 편을 가지고 신나게 수다를 떤다는 기분으로 대화한다. 우리나라 사람들은 대화에 익숙하지 않다. 촛불을 켜놓고 무게 잡고 하는 것이 대화라 생각하기 쉬운데 그렇지 않다. 아이에게 관심을 가지고 아이의 표정이나 기분을 매일매일 관찰하고 느끼면서 이루어지는 것이 대화이다. 아이가 『논어』를 읽으며 어떤 표정을 짓고 어떤 이야기를 했는지 떠올리며 대화해본다. 아이가 정리한 한 줄 요약문을 가지고 대화해보는 것도 좋다. "배움에는 새로운 지식만 포함되는 걸까?" "인생의 지혜를 배운다는 것은 어떤 의미일까?" "친구와 어떤 일을 함께 해보고 싶니?" "만약 친구가 옳지 않은 일을 하자고 하면 어떻게 해야 할까?" 등 배움과 친구에 대해 다양한 이야기를 나눠보도록 한다.

TIP
처음 시작하는 논어

중국 송宋의 위대한 재상 조보는 "『논어』를 반 권만 읽고 실천해도 천하를 다스릴 수 있다"는 말을 남겼다. 일본 현대 문명의 창시자로 불리는 시부사와 에이치는 『논어』를 기초로 현대 일본 문명을 설계했다. 비정규직 노동자에서 아시아 최고 재벌이 된 리자청은 자신을 만든 단 한 권의 책으로 『논어』를 꼽았다.

나는 열아홉 살 때 『논어』를 처음 접한 이후 지금까지 계속 읽어오고 있다. 6년 전부터는 폴레폴레 회원들과 전국 저소득층 공부방 아이들을 대상으로 논어를 가르치는 봉사활동을 하고 있고, 2014년부터는 폴레폴레의 인문학 교사들을 대상으로 논어 원문 강독을 하고 있다. 이를 통해 인문학 초보자들이 논어를 얼마나 어려워하는지 알게 되었다. 나의 '앎'은 인문학 교육 기업인 차이에듀케이션에 '논어 스터디'를 개설하는 것으로 이어졌다.

폴레폴레 2대 회장인 황희철 대표가 주도하는 '논어 스터디'는 태어나서 단 한 번도 『논어』를 읽어보지 않은 사람 또는 몇 페이지 읽다가 포기한 사람들을 대상으로 한다. 황희철 대표의 수제자 중 한 명인 대전 폴레폴레 회장 정진수는 자신의 오랜 『논어』 교육 경험을 바탕으로 『생각하는 논어』라는 제목의 스터디 교재를 만들었다(교재는 내가 감수했다).

여기에 『생각하는 논어』의 일부분을 정리, 수록해 독자들의 이해를 돕고자 한다. 우리나라에 『논어』 초보자를 위한 실전 교재로 『생각하는 논어』 이상이 없다고 생각하기 때문이다.

* 차이에듀케이션의 '논어 스터디' 교재 『생각하는 논어』를 발췌, 정리한 내용이다.

▶ 최인호의 『소설 공자』, 안핑 친의 『공자 평전』, 바오펑산의 『공자전』 등을 읽고 공자의 생애를 다음 빈칸에 정리해보자.

	공자의 주요 생애	느낀 점
10대		
20대		
30대		
40대		
50대		
60대		
70대		

▶ 공자는 인생 전반에 걸쳐서 많은 고난과 역경을 만났지만 포기하지 않고 자신이 추구하는 삶을 살았다. 나는 내가 몸담은 터전(가정, 학교, 회사 등)에서 어떤 문제를 가지고 있는가를 생각해보자. 그다음 『논어』「리인里仁」편을 읽고서 공자라면 이 문제들을 어떻게 풀어갔을지 사색해보자.

가정에서의 문제

_____

_____

_____

_____

학교 또는 회사에서의 문제

_____

_____

_____

_____

이 문제들을 공자라면 어떻게 풀어갔을까?

_____

_____

_____

_____

_____

▶ 『논어』「학이」편 제1장 원문과 해석을 필사하고, 이 장이 맨 앞에 배치된 이유에 대해 생각해보자. 이어서 내가 생각하는 배움, 벗, 군자에 대해 정리한 뒤, 『논어집주』 등을 읽고 공자가 말한 배움, 벗, 군자에 대해 정리해보자.

子曰, 學而時習之 不亦說乎 자왈, 학이시습지 불역열호
有朋自遠方來 不亦樂乎　유붕자원방래 불역낙호
人不知而不慍 不亦君子乎　인부지이불온 불역군자호

공자께서 말씀하셨다. 배우고 때때로 익히면 즐겁지 아니한가?
벗이 있어 멀리서 찾아오면 기쁘지 아니한가?
사람들이 알아주지 않아도 노여워하지 않으면 군자답지 아니한가?

원문 · 해석 필사

	공자	나
배움		
벗		
군자		

▶ 공자의 제자들은 그 수가 많았던 만큼 다양한 사람들로 이루어짐을 알 수 있다. 사마천의 『사기 열전』 중 「중니 제자 열전」을 읽고 인상적인 제자 10명을 뽑아서 각자의 특징과 배울 점을 정리해보자.

제자명	특징	배울 점

▶ 자기가 생각하는 '인(仁)'의 의미에 대해서 정리한 뒤, 논어에서 '인'에 대해 이야기하는 구절을 세 개 이상 찾아 정리해보자. 그리고 내가 생각하는 '인'과 공자가 말하는 '인'의 차이점을 비교해보고, 내가 공자의 관점으로 '인'을 이해하고 실천하려면 어떻게 해야 할지 사색해보자.

내가 생각하는 '인'
_____
_____
_____

논어의 '인'에 관한 구절
_____
_____
_____

나의 '인'과 공자의 '인'의 차이
_____
_____
_____

공자의 관점에서 '인'을 이해하고 실천하려면 어떻게 해야 할까?
_____
_____
_____

3

트리비움 공부법

인문학 교육에 있어 5단계 인문고전 독서법과 함께 빼놓을 수 없는 것이 '트리비움Trivium'이다. 인문고전 독서법이 초급 과정이었다면 트리비움 공부법은 심화 과정이라고 할 수 있다. 트리비움은 '세 가지 길' 또는 '세 가지 길이 만나는 곳'이라는 뜻의 라틴어로 서양의 인문고전 공부법이다. 문법학·논리학·수사학을 이르는 말로 고대와 중세의 학교에서는 세 가지 과목을 정규 교육과정으로 편성해 학생들을 가르쳤다. 2500년 동안 이어진 서양 인문 교육의 역사는 트리비움의 역사라 할 수 있다.

문법학은 원래 고대 그리스어와 라틴어의 문법을 공부하는 것이었다. 고대 로마의 지식인들에게는 그리스어가, 중세 유럽의 지식인들에게는 라틴어가 필수였다. 성공하고 출세하려면 라틴어를 잘해야 한다는 것이 불문율이었다. 문법학을 통해 학생들은 그리스어와 라틴어에 대해 체계적으로 배웠고 이를 통해 지식을 얻을 수 있었다.

논리학은 논리적으로 생각하고, 추론하고, 설명하고, 비판하는 법을 가르치는 학문이다. 문법학을 통해 배운 언어를 기초로 다양한 논제들을 증명하고, 자신의 논리를 세우는 과정이 이에 속한다.

수사학은 자신의 논리를 말이나 글로 표현하는 것을 배우는 학문이다. 그리스 민주주의의 역사를 보면 여러 사람에게 자신의 이야기를 해서 사람들의 마음을 움직이면 지도자로 선출되는 경우가 많았다. 문법에 맞게 논리적으로 자기주장을 이야기하고, 다른 사람의 주장을 논리적으로 반박하며 자기 지식을 지혜롭게 표현하는 방법을 배우는 것이다.

문법학 · 논리학 · 수사학은 근대에서 현대로 넘어오면서 다른 분야로 확장되었다. 영국의 소설가이자 언어학자인 도로시 세이어스는 옥스퍼드 대학에 제출한 논문 「잃어버린 학습의 도구들The Lost Tools of Learning」에서 아동교육발달 단계에 트리비움을 적용했다.

문법학 단계: 아이가 스펀지처럼 세상의 정보를 받아들이는 시기
논리학 단계: 아이가 더 많은 질문과 비판을 하는 시기
수사학 단계: 아이가 창조적으로 자신을 표현하는 시기

이렇게 살피면 문법학·논리학·수사학의 단계가 더 쉽게 이해될 것이다. 다른 학문을 공부할 때도 트리비움을 적용할 수 있다.

문법학은 모든 학문의 기본 규칙, 즉 그 학문을 배우기 위해서 기본적으로 익혀야 할 것들을 말한다. 과학의 문법은 실험과 관찰이고 역사의 문법은 조선 시대 대동법 같은 그 시대의 법칙이다. 수학에서는 숫자의 개념과 공식 등이 문법이다.

논리학은 문법학의 내용을 발전시켜 논리적으로 적용하고 나의 의견을 갖는 과정이라 할 수 있다. 과학에서 논리학은 실험과 관찰을 통해 얻은 결과를 바탕으로 가설을 증명하는 것이고, 역사의 논리학은 역사적 사건이 발생한 원인을 증명하고 나의 역사관을 갖는 것이다. 수학의 논리학은 공식을 활용하여 수학 문제를 푸는 것이다.

수사학은 자신이 이해한 개념을 말이나 글로 표현하는 것이다. 아리스토텔레스는 "수사학은 우리에게 어떤 주제가 주어지든 그것을 설득할 수단을 찾는 능력"이라고 하였다. 발표를 잘하기 위해서는 그 과목의 법칙과 논리 전개 과정을 잘 알고 있어야 한다. 즉 문법학·논리학은 수사학을 공부하기 위한 준비단계라 할 수 있다. 미국의 사립학교에서는 인문고전을 읽고 토론·발표하는 수업을 많이 하는데 그 뿌리가 바로 트리비움이다.

『논어』로 시작하는 트리비움 공부법

『논어』를 읽을 때 트리비움 공부법을 적용해보면 다음과 같다.

문법학

『논어』를 충분히 읽고 이해한다. 『논어』에는 어질 '인'자가 100번도 넘게 나온다. 공자는 '인'을 "남을 사랑하는 것"이며, "자신이 하고자 하지 않는 것을 남에게 시키지 않는 것"이고 "자기 욕심을 누르고 보편적인 규범을 지키는 것"이라고 하였다. 이러한 공자의 '인'은 '사랑' 또는 '사람다움'이라고 할 수 있다. 아이와 『논어』를 읽으며 이런 공자의 사상을 알아가는 것이 문법학 단계이다.

논리학

공자의 '인' 사상에 대한 내 생각을 논리적으로 정립하는 단계이다. '왜 공자는 인을 중요시했을까?' '내가 생각하는 인은 어떤 것인가?' '공자의 인은 나의 생활과 어떤 관련이 있는가?' '일상생활에서 인을 실천하는 방법은 무엇인가?' 등 다양한 질문에 대한 답을 찾는 과정을 통해 자기 생각을 논리적으로 정리할 수 있다. 위인전을 읽고 '인'을 실천한 부분을 찾아보는 등 다양한 활동을 통해서 접근할 수도 있다.

수사학

자기 생각을 다양한 방법으로 표현하는 단계이다. 아이의 흥미에 맞게 말과 글, 그림 등 자유롭게 표현할 수 있도록 한다. 저소득층 아이들을 대상으로 한 인문학 공부방의 한 아이는 시를 써서 '인' 사상에 대한 자기 생각을 표현하기도 하였다. 또한 마인드맵으로도 표현할 수 있고, 『논어』를 읽고 난 후 자신이 꿈꾸는 세상을 그림으로 그려볼 수도 있다.

철학이나 과학·수학·역사 등의 학문뿐 아니라 음악·미술·체육 등 다양한 분야에서 트리비움을 활용할 수 있다. 또한 성인들도 취미생활을 하거나 공부를 할 때 문법학·논리학·수사학 단계에 맞춰서 하면 습득과 활용이 쉬워진다. 트리비움은 단순하게 보면 세 가지 학문을 뜻하지만, 그 중심에는 학문과 기술을 배우는 중요한 원리가 담겨 있기 때문이다.

예를 들어 아이가 축구를 처음 시작할 때를 생각해보자. 축구를 한다고 해서 바로 경기에 나가 뛸 수 있는 것이 아니다. 먼저 축구의 문법을 배워야 한다. 축구 경기의 규칙과 축구공의 특성이나 드리블, 패스, 슈팅과 같은 기술을 알아야 한다. 그다음은 꾸준한 연습이 필요한데 그 과정은 논리적·과학적으로 이루어져야 한다. 논리학을 축구에 적용하는 것이다. 공에 어느 정도 힘을 주면 얼마만큼 날아가는지, 수비를 따돌리기 위해서는 어떻게 몸놀림을 해야 하는지 등을 연구한 다음 나는 어떻게 할 것인지 결정해야 한다. 내가 수비수에 적합한지, 공격수에 적합한지 아니면 골키퍼에 재능이 있는지 나에 대해 알아가는 과정이다. 축구의 문법과 논리를 알고 나의 위치를 결정했다면 이제 실전에 나간다. 그라운드에서 멋지게 슈팅을 날리고 드리블을 하며 내가 가진 축구 재능을 보여주는 것이 수사학이다. 그런 의미에서 유명한 축구선수들은 훌륭한 수사학자라 할 수 있다.

우리는 살아가면서 삶의 각 분야에서 최고의 기량을 발휘해 부와 명예를 얻는 사람들을 많이 본다. 그때 무조건 부러워만 하지 말고 그 사람이 어떻게 해서 그 자리에 올랐는지 세심히 관찰해보자. 지금은 각 분야에서 뛰어난 수사학자의 모습을 보이지만, 그전에 오랜 시간 동안 그 분야의 문법학을 공부했을 것이고, 더 많은 시간 동안 그 분야의 논리학을 공부하며 자신만의 필살기를 다듬었을 것이다.

마찬가지로 내 아이도 트리비움의 과정을 잘 밟아간다면 자신의 분야에서 최고의 수사학자가 될 수 있다. 사람들이 인정하는 최고가 아니더라도 적어도 자기 분야에서 최선을 다하면서 만족감을 얻고 행복하게 살 수 있게 된다. 아이의 인문학 교육을 돕는 부모 역시 트리비움을 활용하면 제2의 인생을 시작할 수 있다.

트리비움은 문법학·논리학·수사학의 세 가지 학문이지만, 이 세 가지는 하나로 합쳐진다. 바로 인문학적 사고이다. 인문학적 사고란 사물을 통합적으로 바라보는 능력이다. 최근 학교 교육에서 과목 간 통합을 강조하고 있는 만큼 트리비움 공부법을 익혀두면 공교육도 더 잘 받아들일 수 있다. 결국은 공부를 잘하게 된다는 말이다.

4
글쓰기 훈련법

인문학 교육의 마지막 단계, 글쓰기

인문고전을 읽고 생각하며 나의 논리를 갖추었다면, 이제 글을 써보아야 한다. 글쓰기는 인문학 교육의 가장 고급 단계이다. 인문고전 저자들도 최종적으로 자기 생각을 글로 남겼다. 그렇다고 해서 너무 어렵게 접근할 필요는 없다. 아이들이 어렸을 때 그림을 그리고 노래를 부르면서 미술과 음악을 알아가는 것처럼 자신의 느낌과 감정을 표현하는 것으로 글쓰기를 시작하면 된다. 가장 대표적인 예가 일기 쓰기다. 매일매일 자신의 일상과 생각, 느낌 등을 쓰다 보면 글쓰기에 대한 부담이 줄어들 수 있다. 일기를 쓰면서 나의 장점도 써보고, 내가 다른 사람을 도왔던 기억도 써보고, 미래의 포부도 써보는 것이다.

선진국 교육에서는 글쓰기를 중요시한다. 대표적으로 독일에서는 클래식 음악을 한 곡 들려주거나 그림을 한 점 보여준 다음 A4 용지 4~5장에 자신의 의견을 쓰게 한다. 부모님들이 직접 이 작업을 해보면 알겠지만, 자기 의견을 4~5장이나 쓴다는 것은 어른들에게도 무척 힘든 일이다. 이 과제를 처음 받는 아이들은 당황스러워하고 제 생각을 글로 쓰는 것에 스트레스를 많이 받지만 1년 정도 지나면 왜 이런 과제를 해야 하는지 알게 된다. 글쓰기를 통해 논리력과 창의력이 커지는 것을 스스로 느끼기 때문이다. 우리에게는 낯설지만 이런 글쓰기 교육은 영국·프랑스·핀란드 등 교육 선진국에서는 필수적인 것이다. 읽고 보고 듣고 대화하고 글로 쓰는 것이 교육과정에서 계속 과제물로 나온다.

글쓰기를 잘하는 방법의 하나는 필사다. 좋은 시를 암송하고 써본다든가, 피천득의 『인연』 같은 짧은 수필집을 필사하면서 어휘력과 문장력을 키울 수 있다. 또한 생각하는 능력도 키울 수 있다. 어린아이들에게 필사를 시키기가 쉽지 않다고 생각하는 부모들을 위해 하나의 사례를 소개하고자 한다. 미국의 교육 전문가인 리 보틴스는 자메이카의 한 교실에서 이루어진 필사 교육에 대한 이야기를 자신의 책 『부모 인문학 The Core』에 자세히 서술해 놓았다.

1995년에 나는 2주 동안 자메이카의 한 학교에서 아이들을 가르친 적이 있다. 처음 교실에 들어갔을 때 나는 1학년생들에게 주어진 과제를 보고 질겁했다. 여섯 살짜리 아이들이 아침마다 약 1시간 동안 칠판에 필기체로 써놓은 『성서』의 긴 구절을 베껴 쓰고 있었다. 그것이 끝나면, 교사가 부족한 몇몇 아이를 개별 지도했다. 그러한 방식을 처음 봤을 때는 '지루하다'는 생각밖에 들지 않았다. 그러나 2주가 지났을 때 아이들이 그러한 단순한 과제를 통해 놀라운 능력을 얻는다는 걸 직접 확인하고는 생각이 달라졌다. 그 아이들은 모두

오랜 시간 동안 조용히 앉아 있을 수 있었고,
어려운 단어도 읽을 수 있었으며,
『성서』의 많은 구절을 암기했고,
칠판을 올려다보고 거기 적힌 구절을 종이에 옮겨 쓸 수 있을 만큼 소근육이 발달돼 있었으며,
오랫동안 연필을 바르게 잡고 글씨를 쓸 수 있는 손힘을 가졌고,
아름다운 필체를 가지고 있었다.

요즘 서점에는 필사의 장점을 강조하고 직접 필사도 할 수 있는 다양한 책들이 나와 있다. 아이에게 필사하게 할 때는 아이가 좋아하는 책, 가장 많이 읽은 책으로 시작하는 것이 부담을 줄일 수 있다. 아이가 필사할 때는 부모도 함께할 것을 권한다. 부모도 필사를 통해 글쓰기 실력이 쑥쑥 자라는 새로운 경험을 해볼 수 있을 것이다. 필사뿐 아니라 내

생각을 써보는 글쓰기를 병행해야 한다. 만약 독서모임에 참여했다면 '모임에서 이런 이야기들이 나왔는데 내 생각은 이렇다'는 식으로 정리하는 습관을 지니면 실력 향상에 큰 힘이 된다.

필사에 익숙해졌다면 본격적인 글쓰기를 시작해본다. 최근에는 공교육에서도 글쓰기의 중요성이 강조되고 있고 자기소개서나 논술시험 등 글쓰기 능력을 평가 기준으로 삼는 경우가 많아졌지만, 대부분의 아이들은 글쓰기를 힘들어한다. 심지어 책을 읽는 것은 좋아하지만 글을 쓰라고 하면 강하게 거부하는 아이들도 많다. 유치원이나 초등학교 저학년 때는 책을 읽고 역할극을 하거나 만들기나 그리기를 하게 하면 잘 따라오던 아이들도, 고학년이 되어 독후감·감상문·기행문 등을 쓰라고 하면 난감을 드러내며 울상 짓기도 한다.

책을 읽고 글을 쓰는 일이 고통이 되어서는 안 된다. 앞에서 제시한 인문학 교육법 원칙에 맞게 글쓰기 역시 재미있고 즐거운 일이 되어야 한다. 그렇게 되기 위해서는 아이들에게 글쓰기를 강요해서는 안 된다. 보통 글쓰기는 생각이 차고 넘치면 자연스럽게 쓰게 된다. 머릿속에 생각들이 너무 많아서, 이것을 표현하고 싶어지면 말하거나 쓰게 되는 것이다. 또 글을 쓰는 과정을 통해 생각이 정리되고 마음이 편안해지는 것을 경험하게 되면 누가 뭐라 하지 않아도 글을 쓰게 된다.

처음에는 짧은 글부터 시작해본다. 책을 읽고 난 후의 느낌을 한 줄이라도 써보는 것이다. 글쓰기가 익숙하지 않은 아이들은 '재미있다'

'재미없었다' 등 아주 간단하게 표현할 것이다. 그래도 괜찮다. "좀 더 길게 써봐. 다른 느낌은 없었어?" 이렇게 재촉할 필요도 없다. 일단 표현을 했으니 된 것이다. 그다음에는 질문을 통해 느낌을 가진 이유를 찾도록 도와준다. 어떤 부분이 재미있었는지, 왜 그 부분을 재미있다고 느꼈는지 다정하게 물어보고 아이의 생각을 쓰게 하면 된다. 글쓰기가 중요하다고 하여 매일 시간을 정해놓고 시키기보다는 아이가 원하는 시간에 쓰고 싶은 만큼 쓰게 하는 것이 좋다. 부모가 책을 읽고 즐겁게 글을 쓰는 모습을 보이면 아이들도 따라 하게 되므로 함께 글쓰기를 해보도록 한다.

이때 지적은 금물이다. 맞춤법이나 띄어쓰기를 일일이 지적하며 혼내지 말아야 한다. 아이의 글에 대해 비판도 하지 말아야 한다. 아이의 글을 보고 옳다 그르다 이야기하기 시작하면 아이는 부모의 가치관에 맞는 글만 쓰려고 하거나 아니면 아예 글쓰기를 거부할 수 있다. 그저 "이런 생각을 했구나!" 하며 부모가 아이의 생각에 관심을 두고 있다는 것만 보여주면 된다. 아이가 엄마·아빠의 생각을 물어보면 그때 부족한 점을 넌지시 이야기해주도록 한다. 글쓰기를 통해 얻고자 하는 것은 아이의 시야가 확장되는 것이지, 멋진 글을 쓰는 것이 아님을 명심해야 한다.

필사와 글쓰기 과정에서 가장 중요한 것은 초점이 '나'를 벗어나면 안 된다는 것이다. 즉, 항상 내 느낌, 내 생각에 집중해야 한다. 책을 읽다가 나를 잃어버리고, 음악을 듣다가 나를 잃어버리고, 경제를 공부하다가 나를 잃어버리면 안 된다. 오히려 필사와 글쓰기를 통해 잃어버린 나를 찾고, 나의 선한 마음을 발견해야 한다. 그것이 거경궁리居敬窮理이다. 여기서 '거경居敬'이란 내적 수양법으로 몸과 마음을 바르게 가지는 것을 말한다. '궁리窮理'는 외적 수양법으로 사물의 이치를 마음 깊이 따져 생각하는 것을 뜻한다. 즉, 인문고전을 통해 사물의 이치를 알아가면서 수시로 내 마음을 들여다보고 확인해야 한다. 내 마음속에서 자존감이라는 씨앗이 잘 자랄 수 있도록 끊임없이 돌봐야 한다.

나보다 인문고전이나 예술작품을 우위에 놓아버리면 안 된다. 나의 성장을 위해 인문고전이나 예술작품이 존재해야 한다. '고흐는 위대해'라고 하면서 나를 잃어버리면 그 순간 나의 자존감은 바닥으로 추락한다. 이때 자존감은 '고흐는 고흐대로 피카소는 피카소대로 위대하지만, 누가 알아주든 말든 나에게는 나만의 그림이 있다'는 마음을 갖는 것이다. 글쓰기를 통해 나를 찾고, 나를 있는 그대로 표현할 수 있어야 한다.

우리나라 부모들은 대부분 아이에게 "일단 대학부터 가고 뭐든 하라"고 이야기한다.
입시보다 중요한 것이 나보다 어려운 사람들을 돕는 마음과 실천인데
그것을 나중으로 미루라는 것이다.
어릴 때부터 이런 교육을 받다 보니 세뇌가 되어 인생에서 가장 중요한 것들을
자꾸 나중으로 미루는 습관을 갖게 된다.
인간답게 사는 것에 항상 취직한 뒤에, 승진한 뒤에, 결혼한 뒤에,
돈을 많이 번 뒤에 등의 조건을 붙이고, 그것들을 인생의 우선순위에서 아래쪽에 놓는다.
그 결과 평생 기득권층이 만들어놓은 시스템의 노예로 살게 된다.
그래서 인간이 인간답게 사는 사회를 만들기 위해 교육을 바꿔야 하고,
어렸을 때부터 나눔을 실천하는 문화를 만들어야 한다.
나는 여러분께 묻고 싶다.
도대체 언제까지 망설일 생각이냐고. 도대체 언제까지 미루기만 할 거냐고.
삶의 혁명적인 변화는 오직 실천으로 이루어진다.

PART 4

읽고 생각하고 실천하라
내 아이를 위한 인문학 교육법
|실천편|

'나'에서 '너'와 '우리'로

봉사 · 나눔

인문학人文學의 '사람 인人'은 '나'만 뜻하지 않는다. 즉 내가 교육의 대상으로 생각하고 있는 내 아이만을 뜻하지 않는다는 의미다. 다른 아이도 있고, 부모도 있고 교사도 있다. 그것의 확장인 '우리'도 포함되어 있다. 진정한 인문학 교육은 스스로 생각하고 판단하고 실천하는 것이 '나'에게만 머물지 않고 '너'와 '우리'로 가야 한다. 사회적인 나눔, 인류애적인 나눔으로 가야 하는 것이다. 이런 시스템에서 노벨상이 나온다. 노벨상은 나만 잘 먹고 잘살려고 하는 사회 시스템에서는 나오지 않는다. 우리나라 부모들의 뜨거운 교육 열기에도 불구하고 여러 분야에서 노벨상 수상자가 나오지 않는 이유는 인문학적인 지식의 부족도 있지만 이런 정서적인 교육이 없었기 때문이다.

서양 학교 교육은 기독교적 전통에 따라 봉사와 나눔을 강조해왔지만, 우리 교육은 무책임한 지배계급의 영향으로 '나만 잘살면 돼'라는 기초 위에 만들어졌다. 조선 시대에 보면 선비 가문은 의로운 마음으로 목숨을 걸고 왕에게 직언하였고, 탐관오리 가문은 '나만 잘 먹고 잘살면 돼'라는 생각으로 자기 욕심을 채우기 바빴다. 특히 임진왜란 이후 사회의 봉건적 신분 질서를 그대로 인정하는 주자학이 고착화되면서 우리 교육은 탐관오리를 길러내는 것으로 변질했다. 부와 명예를 가진 사람들에게 요구되는 도덕적 기준인 '노블레스 오블리주noblesse oblige'는 먼 나라 이야기가 된 지 오래다.

임진왜란 때 왕이 먼저 도망을 가니 남아 있는 백성들이 무슨 생각을 하겠는가. '왕이고 나라고 필요 없구나. 나만 살아남으면 되는구나.' 이런 생각을 하지 않았을까? 서양 역사를 보면 전쟁 때 귀족들이 먼저 나가 싸우다 목숨을 잃었는데 우리나라는 그 반대였던 것이다. 물론 의식 있는 선비들이 나라를 구하고자 애썼지만, 항상 부와 권력을 탐하는 탐관오리에게 박해받고 귀양 가는 등 현실의 패배자가 되었다. 이때부터 우리의 정서가 '나만 잘살면 돼' 하는 쪽으로 흐르게 된 것이다. 의를 추구하는 선비 가문의 가치관이 사회의 주류 가치관으로 자리 잡았다면 우리나라에서도 노벨상 수상자가 더 많이 나오지 않았을까.

어렸을 때부터 인문고전을 공부했던 조선 시대 양반들이 탐관오리가 된 이유는 인문고전을 학문으로만 접했기 때문이다. 인문고전이 그저 머릿속에 집어넣은 지식에 불과했기에 '아는 것'과 '행동하는 것'이 전혀 달랐다. 그래서 인문학적인 실천이 중요하다. 끊임없이 자신에게 '나'뿐 아니라 '너'와 '우리'를 위해서도 살고 있는지 질문을 던져야 한다.

　인문학 교육을 받고 앞의 질문에 대한 답을 찾다 보면, 우리의 삶은 자연스럽게 '봉사'로 이어진다. '나'뿐 아니라 '너'를 살피고 시야를 넓혀 '우리'를 보면 주변에 있는 내 도움이 필요한 사람들이 보이기 때문이다. 그들에게 손을 내미는 것이 봉사다. 봉사는 거창한 것도 아니고 고매한 인격자라서 하는 것도 아니다. 인간이면 누구나 해야 한다. 먹고 마시고 자고 영화 보는 것처럼 우리의 일상이 되어야 한다.

　요즘은 봉사와 나눔을 강조하는 사회 분위기와 봉사활동에 점수를 매기는 학교 교육 덕분에 봉사활동에 참여하는 아이들이 흔하지만 대부분 형식적인 경우가 많다. 스펙을 만들기 위해, 점수를 높게 받기 위해 하는 봉사활동은 '나'가 '너'와 '우리'로 확장되는 강렬한 경험을 주지 못하기 때문이다. 폴레폴레 카페를 통해 기쁜 마음으로 봉사하러 왔던 대학생들이 봉사점수를 받을 수 없다 하여 하나둘씩 떠나는 모습을 보면서 안타까움을 금할 수 없었다.

　『독일 교육 이야기』에 따르면 독일에서는 아프리카를 돕는 활동을 하는 것이 정규 교육과정에 포함되어 있다고 한다. 선생님은 아이들에게 아프리카의 역사·철학·문화를 가르치면서 아프리카 아이들이 잘 살아야 나도 잘 살 수 있음을 이야기해준다. '아프리카 아이들이 굶어 죽으니까 도와야 한다'는 식이 아니라 함께 잘 사는 것이 올바른 삶임을 알려주는 것이다. 그러면 아이들은 '내가 아프리카 아이들을 도와야 겠다'는 생각을 하게 된다. 이렇게 가치관 교육을 한 후에는 아프리카 아이들을 돕기 위한 바자회를 마련하고, 아이들에게 바지회에서 어떤 물건들을 팔 것인지 고민해보도록 한다. 어떤 아이들은 직접 닭을 키워 달걀을 얻어서 내기도 하고, 어떤 아이들은 직접 만든 생활소품을 내기도 한다. 바자회 날이 되면 아이들은 상인이 되고 학부모들이 소비자가 되어 한바탕 잔치가 벌어진다. 그렇게 모인 수익금을 아프리카 어린이들에게 전달한다. 이것이 교육이고, 진정한 봉사다.

나는 아이 교육의 길을 묻는 부모들에게 공부방 봉사활동을 꼭 해보라고 이야기한다. 단순히 인문고전을 가르치는 방법을 익히기 위해서가 아니다. 내 아이가 아닌 아이들을 만나며 정말 생각하지도 못한 다양한 경험을 할 수 있기 때문이다. 어느 날 고아원에 인문학 봉사를 갔던 한 봉사자가 돌아와 황당한 표정으로 자기 경험을 이야기하였다. 고아원에 갔는데 한 초등학교 아이가 다가와 말을 걸었다고 한다.
"선생님 소원이 있어요."
봉사자는 반가운 마음에 물었다.
"뭔데?"
아이가 이야기하였다.
"눈감아 보세요."
봉사자는 아이가 무엇을 하려나 궁금한 마음으로 눈을 감았다. 그 순간 깜짝 놀랄 만한 일이 벌어졌다. 아이가 봉사자의 뺨을 힘껏 때린 것이다. 봉사자는 순간 당황했지만, "지금은 나이가 차서 여기를 나갔지만, 저를 진짜 못살게 굴던 오빠가 있었어요. 선생님하고 똑 닮았어요. 그 오빠를 늘 때려보고 싶었는데 선생님 만나 소원을 이뤘네요"라는 아이의 말을 듣고 오히려 호탕하게 웃으면서 아이를 꼭 안아주었다. 이후 두 사람은 친구가 되었다. 아이가 변화했음은 말할 것도 없다. 어디 가서 이런 교육 경험을 할 수 있겠는가. 이런 경험을 한 번이라도 하게 되면 집에서 내 아이를 교육하는 것은 너무 쉬운 일이 될 수 있다. '내 아이'에게만 시선이 고정되어 아이의 모습 하나하나에 신경을 곤두세우고 있는 부모라면 이렇게 다른 아이들을 만나면서 자녀를 바라보는 시각을 넓힐 수 있다. 남의 자식도 잘 가르치고 어려운 환경에 있는 아이들을 잘 챙길 때 내 아이도 잘 키울 수 있는 능력이 생기는 것이다.

부모가 봉사활동을 통해 '나'에서 '너'와 '우리'로 확장되는 경험을 하게 되면 아이에게도 진정한 봉사활동을 권유할 수 있게 된다. 인문학 교육의 실천인 봉사활동 역시 부모가 먼저 시작해야 한다.

생각이 몸에 배게 하라

생각 · 사색

우리가 접하는 영화 중에는 인문고전을 모티브로 한 것들이 많다. 영화의 특성상 재미와 허구를 가미하는 경우가 많은데 대부분의 사람들이 영화를 본 후 인문고전의 메시지보다는 영화적 재미에 더 집중하는 것 같아 안타까운 마음이 들 때가 많다.

대표적인 것이 영화 '반지의 제왕' 시리즈이다. 몇 년 전 〈반지의 제왕〉 열풍이 불었을 때 초등학교 교실에는 쉬는 시간만 되면 골룸이 넘쳐났다. 어느 개그우먼이 TV에서 골룸 흉내를 내면서 아이들이 골룸 흉내를 내며 장난을 치고 아이들뿐 아니라 어른들까지 골룸이라는 캐릭터에 빠졌다. 우리에게 〈반지의 제왕〉은 '골룸'으로 남은 것이다. 참 슬픈 일이었다.

〈반지의 제왕〉은 존 로널드 루얼 톨킨이 지은 3부작 판타지 소설을 영화화한 것이다. 이 영화에 나오는 절대반지는 플라톤의 『국가Politeia』 제2권에 나오는 '기게스의 반지'를 모티브로 하였다. 어느 날 목동 기게스가 길을 가다가 죽어있는 거인을 발견했다. 그 거인은 손에 반지를 끼고 있었고 기게스는 거인의 손가락에서 반지를 빼 자신의 손가락에 끼고 집으로 돌아왔다. 그런데 기게스가 친구들과 밥을 먹다가 무심코 반지를 만지작거리니 투명인간이 되는 것이었다. 깜짝 놀란 기게스는 이 능력을 어떻게 사용할까 고민하다가 왕이 되기로 하였다. 결국, 기게스는 왕궁으로 들어가 왕비와 간통하고 왕비를 꾀어 왕을 죽인다. 그리고 새로운 왕이 되었다.

당시 아테네 사람들은 '나에 대한 타인의 평가가 어떤가?'에 무척 민감했다. 그래서 보여주기식 정의가 난무했다. 플라톤은 이 이야기를 통해 '정의란 무엇인가'에 대해 이야기하고자 하였다. 플라톤은 당시 아테네 사회에서 가면을 쓰고 살아가는 사람들의 모습을 보았다. 사회 집단에서 인정받기 위해 자신의 본성과 다르게 행동하는 사람들의 이중성을 본 것이다. 전쟁에 나갔을 때 미워하는 동료를 죽이고 싶지만, 사람들이 보고 있으니까 오히려 그 동료를 위해 희생하는 모습을 보인다. 그럴수록 사람들의 칭찬을 듣고 부와 명예가 쌓인다. 그런 이중적인 사람들이 정의를 추구하던 소크라테스를 죽인 것이다. 내가 보기에 플라톤의 『국가』 제2권은 아테네 시민의 가면을 벗겨내기 위해 쓰인 것이다. 여기에는 아테네 시민을 향한 플라톤의 조소가 담겨 있다. '너희들이 진정으로 정의로웠다면 어떻게 아테네에서 가장 정의로운 소크라테스를 사형에 처할 수 있느냐? 너희들은 지금 타인의 시선 때문에 정의로운 척하고 있는 거다. 만일 니희가 기게스의 반지를 얻어 투명인간이 된다면 너희들은 기게스보다 더 심한 짓을 하게 될 것이다'라는.

기게스의 반지는 사회의 극단적인 치부를 드러내는 장치이다. 기게스의 반지로 소크라테스를 죽인 사기꾼들이 떵떵거리며 사는 당시 사회를 비판하며 '정의란 무엇인가'에 대해 깊은 성찰을 하게 하는 것이다. 우리가 〈반지의 제왕〉을 볼 때 이런 배경지식을 갖고 본다면 영화를 보고 난 뒤 골룸 흉내만 내는 기이한 현상은 일어나지 않았을 것이다.

플라톤의 『국가』에서 기게스의 반지가 나오는 부분은 한 페이지밖에 되지 않는다. 아이와 함께 읽고 '정의'에 대해 이야기해보면 좋을 것이다. 우리가 혹시 착한 척하고 사는 것은 아닌지, 성선설과 성악설에 관한 생각 등, 다양한 주제로 이야기해볼 수 있다.

영화 〈300〉 역시 영화의 배경이 된 역사를 알고 보면 더 깊은 사색을 할 수 있다. 잔인한 장면이 많아 아이와 함께 보기는 어렵지만, 부모의 사색을 깊게 하는 차원에서 보면 좋다. 영화 〈300〉을 보고 나서 우리에게 남는 것은 무엇일까? 근육질 남자 300명의 모습과 피 튀기는 전투 장면이 아닐까?

영화는 기원전 480년 그리스의 도시국가 스파르타가 페르시아 군대에 맞서 싸운 역사적 사실을 모티브로 하고 있다. 이 이야기는 헤로도 토스가 쓴 『역사 Histories Apodexis』에 자세히 나와 있다. 그리스가 전쟁의 명분으로 내세운 것은 자유다. '페르시아놈들이 우리의 자유를 짓밟아서 우리가 나가서 싸운다'는 것이다. 이 전쟁의 결과 광대한 페르시아군이 대패하는데 그리스인들이 주장하는 승리 요인은 이렇다. 페르시아군은 왕이 강제적으로 끌고 나온 노예로 구성된 군대였고 그리스군은 자유의지로 싸웠기 때문이라는 것이다.

정말 그럴까? 영화에는 나오지 않지만, 당시 그리스 사회는 노예제 사회였다. 특히 스파르타는 보통 전사 한 명에 노예 3명이 붙어 있었다. 이들 노예는 전쟁터에도 따라가 전사들이 전쟁하는 데 필요한 모든 수발을 들었다. 스파르타 전사들은 전쟁만 하는 직업 군인이었다. 〈300〉의 메시지는 '우리는 자유롭다'인데 노예의 뒷받침으로 전쟁하는 것이 진정한 자유라 할 수 있을까? 이 전쟁에서 300명의 스파르타 전사가 몰살했다고 하지만, 900명의 노예도 이때 함께 죽었다.

영화 〈300〉의 이면에는 미국의 중동 침략을 정당화시키려는 의도가 숨어 있다. '미국은 중동을 자유롭게 해주기 위해 전쟁을 한 것'이라는 메시지 말이다. 고대 그리스 시대에 중동을 바라보던 역사관이나 지금 미국이 중동을 바라보는 역사관이 똑같다는 뜻이다. 아마 미국은 지금 우리나라도 그렇게 보고 있을 것이다. 따라서 미국이 잘해준다고 좋아만 하지 말고 그 숨은 의도를 똑바로 봐야 한다. 그래야 자본주의 시대 강대국의 논리에 희생당하지 않을 수 있다. 부모가 영화를 볼 때 화면에 보이는 것 이면에 숨어있는 메시지를 볼 수 있는 비판적인 시각을 갖고 있으면 아이에게도 올바른 시각을 길러줄 수 있다.

이번에는 문학 이야기를 해보자. 영화로도 만들어진 빅토르 위고의 원작『레미제라블』은 원문이 2500페이지에 달하는 방대한 책이다. 우리에게 잘 알려진『레미제라블』은 장발장이 감옥에서 나오는 장면부터 이야기가 시작되지만, 원문에는 그 전에 주교들이 어떻게 생활하는지가 서술된다. 저자는 무려 100페이지에 걸쳐 가난하고 병든 자들의 친구인 미리엘 주교의 삶을 보여준다. 주교가 고아와 장애인을 위해 큰 건물을 내어주는 모습, 살인과 강도를 저지른 사람들을 찾아가 교화하는 모습 등이 나온다. 예수를 섬기는 목사와 신부가 어떤 삶을 살아야 하는지가 앞부분에 나오는 것이다. 그리고 이제 그가 막 19년 형기를 마치고 세상에 나온, 하룻밤 잘 곳이 없는 장발장과 만나게 된다.

미리엘 주교는 장발장에게 주교 궁과 궁에 있는 모든 것은 자신이 아닌 구주 예수님과 장발장 당신의 것이라 하면서 저녁 식사를 대접하고 침실을 내어준다. 하지만 그날 밤 장발장은 그 유명한 은 식기 절도 사건을 벌인다. 그리고 다음 날 장발장은 헌병대에게 붙잡혀 주교 궁으로 끌려온다. 이날 미리엘 주교는 은 식기를 도둑맞았다며 소리치는 하녀에게 이렇게 말한다.

"그 식기들은 우리 것이 아니라 가난한 사람들 것입니다. 어제 그 남자는 가난한 사람입니다."

체포되어 끌려온 장발장에게는 이렇게 말한다.

"형제여, 왜 촛대들은 가져가지 않았습니까? 여기 당신 소유의 촛대들이 있으니 가져가시지요."

이 사건을 경험한 뒤로 장발장은 성서의 예수를 믿게 되고 새로운 인생을 살게 된다. 장발장이 미리엘 주교를 만나서 변화된 사건은 『레미제라블』의 핵심이라고 할 수 있다. 왜냐하면, 이후 소설 속 모든 사건은 새롭게 변화된 장발장을 중심으로 전개되기 때문이다. 그렇다면 장발장을 변화시킨 미리엘 주교는 『레미제라블』에서 가장 중요한 열쇠라고 할 수 있다. 만일 미리엘 주교가 없었다면 장발장은 절대로 변화할 수 없었을 테니까 말이다. 이렇게 놓고 보면 『레미제라블』의 또 하나의 주제는 '성직자는 어떻게 살아야 하는가?'가 될 수 있다. 이를 오늘날 한국 사회에 비춰보면 '대형교회 목사는 어떻게 살아야 하는가?'가 될 수 있는 것이다.

『레미제라블』의 저자 빅토르 위고는 당시 프랑스 사회가 타락한 이유를 성직자들에게서 찾았다. 성직자들이 영적으로 타락하면 세상도 같이 타락하고 장발장처럼 억울한 사람도 나온다는 것이 빅토르 위고의 생각이었다. 그래서 작품의 첫 부분에 성직자들이 어떻게 살아야 하는지부터 이야기한 것이다. 이것이 인문고전을 원전 완역본으로 읽어야 하는 이유이다. 축약본으로 읽었을 때는 이런 주제를 찾아낼 수 없다.

자베르 경감의 이야기를 통해서는 '법은 누구를 위해 존재하는가'에 대한 화두를 던지고 있다. 결국 자베르 경감은 자살하게 된다. 이것을 통해 사회가 타락해서 사람을 배려하지 않으면 그 사회는 자멸할 수밖에 없다는 이야기를 하는 것이다. 이런 시대적 배경 지식 없이 책을 읽으면 주인공 장발장은 너무 불쌍하고, 간수는 나쁘고, 주교는 아름답다는 식의 뻔한 감상만 남을 뿐이다. 문학 작품이 만들어진 시대를 읽으면 아이와 더 많은 이야기를 나눌 수 있다. '목사님이나 스님들은 어떻게 살아야 할까?' '오늘날 한국 종교는 누구를 위해 존재하나?' 등 아이와 깊이 나눌 수 있는 대화 주제는 무궁무진하다.

생각하는 인문고전 읽기는 영화나 문학 등 인문고전을 모티브로 한 모든 작품에 담겨 있는 작가의 의도, 감독의 마음에 다가가는 작업이다. 영화의 멋진 장면, 재미있는 스토리 전개에 빠져들어 놓치기 쉬운 철학적·역사적·문학적 사색을 하게 되는 시간이다. 작가의 의도나 작품의 주제는 깊이 있는 사색을 거쳐 온전히 내 것이 되고, 내 경험과 생각이 녹아들어 내 가치관이 된다. 인문학은 결국 자기 생각을 하기 위해 하는 것이다. 내 아이가 생각이 깊은 사람으로 자라길 바란다면 부모가 먼저 생각하는 인문고전 읽기를 실천해야 한다.

관찰하고 나누라

대화 · 토론

인문학 교육은 반드시 대화와 함께 이루어져야 한다. 대화를 통해 인문 고전의 지식과 지혜를 나누고 아이와 사랑을 나누어야 한다. 우리는 대화라는 것을 너무 어렵게 생각하고 있는 것 같다. 대화는 일상생활이다. 아침에 일어나 주고받는 인사가 대화이고, 아이의 표정에서 기분을 느끼는 것이 대화이다. 꼭 아이의 속마음을 들어야 하고 말로 주고받는 것만이 대화가 아니다. 아이를 인간적으로 바라보는 것, '우리 집에 있는 작은 사람이다'라는 생각으로 아이를 계속 관찰하고 지켜보면서 이루어지는 것이 대화다. 대화는 평생에 걸쳐서 매일 마음속으로도 하는 것이다.

아이와 대화하면서 현재의 사교육이 이이 스타일에 맞는지, 아이가 진정으로 원하는 것이 무엇인지, 아이가 의사나 판사를 선택했을 때 평생 기쁘고 즐겁게 살아갈 수 있는지 판단하고 평가해야 한다. 아이가 원하고 아이에게 맞는다고 판단되면 사교육을 시키고, 그렇지 않다고 생각되면 아이가 아무리 공부를 잘하더라도 사교육을 시키지 않는 것이 인문학 교육이다.

부모와 아이 사이에 대화가 잘 되면 책 읽고 대화하고, 미술작품 보고 대화하고, 음악 듣고 대화하는 것이 특별히 애쓰지 않아도 자연스럽게 이루어진다. 나는 자주 아내와 함께 미술관·박물관·음악회를 가곤 한다. 그곳에 가면 나는 수다쟁이가 된다. 내가 아는 것을 아내에게 이야기해주고 아내는 내 이야기를 듣고 자기 의견을 이야기한다. 아내와 대화하면서 놀라웠던 것은 아내가 미처 몰랐던 자기 안의 미적 감각을 자연스럽게 발견하는 과정이다.

"내가 운동만 해서 잘 몰라요. 이런 예술 작품을 많이 접해보지도 않았고요."

아내는 이렇게 이야기했지만, 대화해보니 아내에게는 자기만의 독특한 관점이 있었다. 내가 아내의 이야기를 들어주고 칭찬해주니 아내의 자존감이 커졌다. 그러더니 '미술을 배워볼까'라는 생각마저 가지게 되었다.

아내와 함께 미샤 마이스키의 첼로 연주를 보고 와서는 '사랑'에 대하여 한참 이야기를 나누었다. 우리 부부는 미샤 마이스키와 그의 딸이 연주하는 첼로와 피아노의 협연을 보면서 둘 사이에 오가는 사랑을 느낄 수 있었다. 또한 연주에 따라 변화하는 미샤 마이스키의 마음을 볼 수 있었다. 첼로와 하나가 되었다가 약간 거리를 두었다가 그러다 멀어지는, 첼로를 섬세하게 다루는 과정을 보면서 거장의 모습에 감동했다. 그리고 아내와 이런 대화를 나누었다.

"나는 미샤 마이스키가 첼로를 친구처럼 대한다고 느꼈는데 당신은 어땠어?"

아내 역시 자신의 느낌과 감상을 이야기하였다. 대화를 통해 서로를 알게 되는 순간이었다. 이런 순간을 만나기 위해 나는 바쁜 시간을 쪼개어 아내와 박물관·미술관 나들이를 하고 음악회를 찾는다.

나와 함께 다양한 기부·봉사·교육 활동을 펼치고 있는 황희철 대표와는 주로 책을 읽고 토론을 많이 한다. 그리고 맛집 이야기를 많이 나눈다. 맛있는 음식으로 떼돈을 버는 기업형 맛집이 아니라 소신껏 정성을 다해 음식을 만드는 그런 맛집들이다. 우리 두 사람이 감동한 식당이 하나 있다. 그 집은 오후 5시에 문 열고 밤 11시에는 문을 닫는다. 빨간 날은 모두 쉰다. 조그만 공간에 탁자 대여섯 개 놓고 장사를 하는데 가게는 항상 손님들로 가득하다. 이렇게 장사가 잘되는데 왜 늦게 문을 열고 빨간 날은 쉬는지 궁금해서 물어보았다. 주인장의 대답은 간단했다.

"사람이 쉬어야죠."

빨간 날은 쉬어야 하고 낮에는 시장에 가 신선한 식재료를 사와 장사를 준비해야 하므로 오후 5시에 문을 열 수밖에 없다는 것이다. 손님 맞을 최고의 준비를 한다는 이야기에 나도 황 대표도 깜짝 놀랐다. 돈을 벌기 위해 음식을 만드는 것이 아니라 자기 인생의 풍요로움을 위해 식당을 하는 것이었다. 나는 그분의 모습에서 큰 깨달음을 얻었다.

'아무도 알아주지 않는 음식점을 하는 사람의 마음도 이렇게 빛나는데 인문학을 하는 사람으로서 정신 차려야겠다.'

이렇게 나는 대화와 토론을 통해 계속 성장한다. 그래서 함께 대화를 나눌 수 있는 사람이 필요하다. 독서모임을 가져도 좋고 배우자나 자녀와 나눠도 좋다. 부모가 대화를 즐기는 습관을 지니고 있으면 이는 자연스럽게 아이에게 이어진다.

나는 초등학교 교사를 하며 대화에 서툰 부모들을 많이 만나왔다. 아이의 말이 끝나기도 전에 끼어들어 말을 막고, "쓸데없는 생각을 하고 있다"며 아이 말을 무시하고, 자기 생각만 일방적으로 늘어놓는 부모들이다. 또한 이거 해라, 저거 해라 명령하고 지시하는 것을 대화라고 생각하는 부모도 많다. 아이들은 이런 부모들의 태도를 묵묵히 지켜볼 뿐이다.

아이와의 대화는 이래서는 안 된다. 아이를 사랑하는 마음이 가장 중요하다. 대화는 말로만 하는 것이 아니다. 아이는 부모의 표정, 말투, 행동을 통해 부모가 자기를 사랑하고 있는지, 진심으로 말하고 있는지 본능적으로 느낀다. 부모가 "사랑해"라고 이야기해도 아이는 그것이 부모의 진심이 아니라고 느끼면 바로 고개를 돌려버린다. 그래서 아이와 대화할 때는 아이를 어떻게 이끌겠다는 의도를 버리고 '내가 사랑하는 한 존재와 편하게 이야기 나눈다'는 마음을 갖는 것이 중요하다.

그다음에는 부모 이야기를 하기보다는 아이의 이야기를 더 많이 들어주어야 한다. 비율은 부모 이야기 2, 아이 이야기 8 정도가 좋을 듯하다. 아이가 이야기할 때는 부모의 생각과 다르더라도 아이의 눈을 보며 끝까지 들어주어야 한다. 그래서 경청 연습이 중요하다. 아이의 이야기가 끝나면 부모의 이야기는 최대한 간결하게 하는 것이 좋다. 모든 부모의 뇌리에는 '아이를 잘 키워야 한다'는 생각이 강박관념처럼 자리 잡고 있으므로 아이가 조금만 자기 생각과 다른 이야기를 하면 아이의 생각을 바꾸기 위해 했던 이야기를 반복하는 경향이 있다. 이는 아이뿐 아니라 다른 사람과의 대화에서도 좋지 않은 습관이다.

앞서 이야기한 것처럼 아이의 말뿐 아니라 표정, 행동을 통해 아이 마음을 읽을 수 있어야 한다. 아이가 부모의 표정과 행동을 보고 부모의 감정을 읽듯이 부모 역시 아이의 표정, 말투, 행동을 통해 아이의 감정을 파악해야 한다. 이것만 기억하라. 아이를 면밀하게 관찰하고, 끝까지 들어주고, 부모 이야기는 간단히 들려줄 것. 아이와 인문학적으로 대화하는 방법이다.

가장 위대한 인문학, 자연을 만나라

도시에 사는 현대인들은 일부러 찾아 나서지 않는 한 자연을 만날 기회가 많지 않다. 사람은 자연의 일부이다. 자연과 함께할 때 정서적으로 안정되면서 삶의 에너지를 얻게 된다. 아이와 함께 자연을 만나는 시간을 자주 가져보자. 자연을 만난다고 하여 어디 멀리 떠나라는 것이 아니라 집 근처 동산이나 숲에 가서 자연과 하나 되는 경험을 해보라는 것이다. '작은 여행'이라 부르면 좋을 것 같다.

우리의 교육 풍토상 자연을 만난다 하면 현장체험학습을 떠올리는 경우가 많다. 숲에 가 나무 이름을 외우고 새와 곤충을 관찰하는 것만 떠올리기 쉬운데 그렇지 않다. 자연을 만난다는 것은 내가 관찰자가 아니라 나 역시 자연의 일부임을 자각하는 것이다. 어렵지 않다. 숲에 들어가 혼자 있는 시간을 가져본다. 코끝을 스치는 바람의 느낌, 숲 냄새, 나무 사이로 보이는 하늘, 움직이는 벌레들, 새들의 지저귐 등 자연을 있는 그대로 느끼는 것이다. 나뭇잎에서 나온 공기를 내가 마시고, 내 몸에서 나온 공기를 다시 나무가 마신다. 이 순간 나와 자연은 하나가 된다. 서로 존재를 있는 그대로 느끼는 인문학적인 순간이다.

최근에는 '생태 인문학'이라 하여 모든 생명체가 유기적으로 연결되어 있다는 생태학적 관점과 인간의 삶을 탐구하는 인문학을 결합한 학문이 주목받는다. 인간의 삶이 자연과 떨어져서는 존재할 수 없다는 전제하에 인간과 생태계가 평화롭게 공존하는 방법을 찾고자 하는 것이다. 파리자연사박물관의 철학 및 과학사 교수인 장 마르크 드루앵이 2008년에 쓴 『철학자들의 식물도감 *L'herbier des Philosophes*』을 보면 루소와 칸트, 괴테 등 여러 철학자의 사례를 통해 철학과 식물학의 연관성을 자세히 밝히고 있다. 식물을 포함한 자연이 철학자들에게 깊은 영감을 주어 철학을 발전시키고, 또 철학적 사고가 식물을 채집하고 분류하는 데 영향을 주었다고 한다.

19세기 미국의 사상가인 헨리 데이비드 소로의 대표작 『월든 *Walden*』 역시 고전이자, 자연과 조화를 이루는 삶, 자연과 더불어 항상 깨어있는 삶을 강조한 책이다. 숲 생활의 경제학, 숲의 소리, 콩밭, 호수, 이웃의 동물 등 월든의 호숫가 숲 속에서 통나무집을 짓고 밭을 일구며 살아가는 삶 속에서 터득한 철학적 지혜를 담고 있다. 즉 자연과 벗하면서, 자연과 하나 되는 경험 속에서 인문학적 깨달음을 얻는 것이다. 이처럼 자연은 우리의 삶에 큰 영향을 미친다.

『독일 교육 이야기』에 따르면 독일의 초등학교에서는 자연과 만나는 활동이 정규 수업시간에 포함되어 있다고 한다. 눈에 잘 띄지 않는 국방색 판초 우의를 입고 숲에 들어가 각자 적당한 장소를 잡은 다음 조용히 앉아 눈만 내놓고 자연을 관찰하는 것이다. 숲 속 생물들은 사람이 다가가면 생명의 위협을 느끼고 도망가기 때문에 그들의 생활을 방해하지 않으면서 관찰하기 위해서다. 아이들은 평소에 보고 느끼지 못했던 생물들의 다양한 모습을 관찰하게 된다. 바로 아이들 가까이 날아와 지저귀는 새들, 다람쥐가 지나가고 개미들이 떼를 지어가는 모습 등 사람의 자취가 없을 때 움직이는 자연을 느끼는 것이다. 이 활동을 마치면 아이들의 마음에는 자연에 대한 사랑이 남는다.

'숲은 인간만을 위한 것이 아니구나. 동식물이 숲의 주인이구나. 숲을 파괴하면 안 되는구나.'

이런 자연을 향한 이해와 사랑은 자연스럽게 환경보호로 이어진다. 현재 환경오염과 자연파괴는 심각한 수준에 이르고 있다. 인간의 욕심으로 인한 자연환경 파괴의 피해는 결국 인간에게 돌아온다. 자연이 망가지면 인간도 살 수 없기 때문이다. 독일 아이들은 자연을 배려하고 존중하는 것이 인간을 위한 길임을 학교 교육을 통해 자연스럽게 배우고 있다. 우리의 시각으로 봤을 때는 굉장히 특별한 교육인 것 같지만, 독일에서는 당연히 해야 하는 교육인 것이다.

지금 당장 우리나라 학교에서 이런 교육을 시행하기란 쉬운 일이 아니다. 그렇다고 가만히 있을 수는 없는 일. 부모가 나서서 자연과 만나는 기회를 많이 얻게 해주면 된다. 독일 교육 사례처럼 자연을 방해하지 않고 자연을 느끼는 경험을 많이 해보는 것이다. 또한 앞에서 이야기한 책들을 읽고 자연과 인간의 삶에 대한 이야기를 들려주는 것도 좋다. 그러다 보면 아이는 자연을 더욱 가깝게 느끼고 생태계를 보전하는 일에 관심을 두게 된다.

요즘 학교에서 환경 관련 교육을 많이 하고 있지만, 자연과 교감해 보지 못한 아이는 환경보호의 필요성을 크게 느끼지 못한다. 하지만 자주 자연을 접한 아이들은 나무로 만든 종이를 아껴 쓰고, 재활용품을 분리수거하는 일에 적극적으로 나서게 된다. 집에서도 일회용품 사용을 줄이고, 음식을 남기지 않고 먹는 등 환경을 위한 작은 실천을 함께 해나가면 내 아이가 자연을 사랑하는 인문학적인 아이로 성장하게 될 것이다.

숲뿐 아니라 유적지에 가서도 유적지를 충분히 느껴보는 것이 중요하다. 어느 시대에 지어졌고, 누가 지었고, 건축 양식은 어떻고 하는 지식적인 면보다는 '이 유적을 만든 사람들의 마음은 어땠을까?' '사람들은 이 유적을 어떻게 만들었을까?' 등 당시 사람의 마음이 되어 느껴보는 것이다.

하지만 안타깝게도 우리의 유적답사는 현장체험학습과 마찬가지로 요식행위로 끝나는 경우가 많다. 유적지 한번 쓱 둘러보며 대충 설명을 들고 근처 식당이나 나무 그늘에 모여앉아 밥 먹는 것이 전부이다. 집에 와서 체험학습 보고서를 쓰긴 하지만 유적을 본 감상보다는 인터넷에서 검색해 베껴 쓰는 것이 대부분이다. 아이가 직접 쓰면 그나마 다행이지만 아이에게는 공부하라고 하고 엄마가 대신 써주는 경우도 많다 하니 아이들에게 대충 사는 법을 가르쳐주는 것은 아닌지 걱정된다.

삶이 힘들 때 자연과 하나 되는 경험을 하면 힘을 얻을 수 있다. 이제는 자연을 찾아 떠나는 작은 여행을 통해 아이들에게 자연을 느끼고 사랑하는 법을 알려주어야 할 때다. 부모가 먼저 자연과 만나는 기쁨을 느끼고 아이들에게 이런 이야기를 해주면 어떨까?

"엄마가 자주 가는 숲이 있는데 그 숲에서 엄마는 영혼의 목소리를 듣는단다. 함께 가보지 않을래?"

나를 섬기는 법도 배워라

2015년 여름, 팬카페 폴레폴레 회원들과 함께 인도 콜카타에 다녀왔다. 콜카타는 인도의 대표적인 빈민촌으로 이은옥 선교사님이 인도 아이들을 위해 봉사하고 있는 곳이다. '한국인 마더 테레사'라 불리는 이은옥 선교사님은 인도에 교육혁명을 일으킨 분이다. 인도에만 13개 학교를 만들고 현지 아이들을 교육하고 있는데 이 분 덕분에 콜카타 공항에서 구걸하던 아이들이 사라졌다. 외국인들에게 구걸하며 하루하루 살아가던 아이들에게 교육을 통해 미래에 대한 꿈과 희망을 심어주고 있다.

나는 이은옥 선교사님의 삶과 철학에 감동하여 선교사님과 함께 학교와 병원을 지었다. 그리고 그곳으로 폴레폴레 회원들과 함께 여행을 떠났다. 그 이름은 '서번트 투어', 섬기는 여행이다. 낯선 곳을 찾아가 멋진 풍광을 보며 먹고 마시고 즐기는 여행이 아니라 도움이 필요한 사람들을 섬기면서 그동안 느끼지 못한 뜨거운 마음을 가슴 깊이 깨닫고 오는 시간이다.

우리가 여행을 떠난 시기는 인도의 우기였다. 학교를 찾아가는 길에 물이 흘러넘쳤다. 차로는 도저히 들어갈 수 없어 신발을 벗고 바지를 허벅지까지 걷어 올리고 학교를 향해 걸었다. 깊은 곳은 허벅지까지, 낮은 곳은 무릎까지 물이 찼다. 땅바닥이 울퉁불퉁해서 발바닥이 아프고 때론 넘어지기도 했지만, 참가자들 얼굴에는 웃음이 넘쳤다. 오히려 진흙 마사지를 많이 해서 발이 보드라워졌다며 좋아하기까지 했다.

우리는 초등학교 아이들을 만나 준비해간 학용품을 나눠주고 다양한 게임을 하며 서로를 알아갔다. 아이들도 회원들도 행복한 시간이었다. 그다음으로 유치원과 영아원을 차례로 방문했다. 초등학생인 언니·오빠를 따라다니는 동생들을 위해 만든 곳이었다. 우리는 그곳에서 가난하지만 맑은 아이들의 눈망울을 보았고 이 아이들을 위해 더 열심히 살아야겠다는 뜨거운 마음을 갖고 돌아왔다.

서번트 투어에 참가한 한 남자 대학생은 한국으로 떠나기 전날 상기된 표정으로 이렇게 이야기했다.

"그동안 열등감에 시달렸는데 서번트 투어를 해보니 내가 많은 것을 가지고 있음을 알게 되었어요. 한국에 가서는 주체적으로 살려고 노력할 거예요."

이것이 서번트 투어의 효과다. 다른 사람을 섬기기 위해 떠났지만 결국은 나를 섬기고 돌아오는 것이다. 보통 '봉사' 하면 남에게 주는 것으로 생각하지만, 그렇지 않다. 다녀온 참가자 중 누구도 내 것을 주고 왔다는 생각을 하지 않는다. 오히려 얻은 것이 더 많다며 감동의 눈물을 흘리는 것이다.

우리의 여행이 이래야 하지 않을까. 서번트 투어를 진행하면서 우리의 여행문화를 되짚어보게 되었다. 우리의 여행문화는 비참하다고밖에 표현할 수 없다. 군대에 간 것도 아닌데 새벽 6시에 일어나 온종일 버스를 타고 이동하면서 관광지에 도착해 잠깐 사진 찍는 것이 일정의 전부이다. 한 나라를 3~4일 만에 훑고 나오고 심하면 하루에 2~3개 나라를 이동하기도 한다. 여행지에서 그 나라 사람들의 가치관을 느끼기보다는 먹고 즐기고 쇼핑하며 돈을 쓰는 것이 여행사에 도움이 되기 때문이다. 철저히 자본주의 논리에 따른 여행인 것이다.

먹고 즐기는 여행도 있어야 하겠지만, 매번 놀다 오기만 하면 아이에게 아무런 교육이 되지 않는다. 동남아시아에는 척박한 노동조건에서 커피콩을 따며 살아가는 불쌍한 아이들이 있는데 그 해변에서 놀기만 한다면 아이에게 무엇을 가르치게 되는 걸까? 바로 옆에서 가난에 찌든 아이들이 부끄러움을 모르고 구걸하고 있는데 외부인인 우리는 풍족하게 즐기기만 한다는 것은 그 나라 사람들에게 참 미안한 일이다. 화려한 휴양지에 가더라도 잠깐 시간을 내어 그 나라의 가난한 사람들을 돌아볼 줄 아는 따뜻한 마음을 가졌으면 하는 바람이다.

　영국에서는 '그랜드 투어'라는 이름으로 귀족 자녀들이 사회에 진출하기 전에 프랑스나 이탈리아를 여행하며 문물을 익히는 과정이 있었다. 어렸을 때부터 인문학을 공부해온 귀족들은 인문학 교육의 마지막 프로그램으로 2~3년간 여행을 떠난다. 그랜드 투어는 가정교사를 동반한 럭셔리한 여행이었다. 사회적 약자를 찾아가 봉사하는 것이 아니라 그 나라 귀족들을 만나며 무도회나 파티에 참석하고 예술품을 사 모으는 등 소비적인 활동을 하였다. 인문학 교육의 마지막 과정이라지만 어찌 보면 전혀 인문학적이지 않은 여행이다. 나는 서번트 투어가 그랜드 투어보다 훨씬 훌륭한 인문 교육 프로그램이라 자부한다.
　그랜드 투어 문화가 우리나라에 들어오면서 조기유학으로 변질해 선풍적인 인기를 끌었다. 지금은 조기유학생들의 숫자가 많이 줄었지만, 몇 년 전만 해도 방학 때만 되면 외국으로 떠나는 아이와 배웅하는 부모들로 공항은 인산인해를 이루었다. 영어를 잘하게 하겠다, 선진 교육을 접하게 하고 싶다는 열망에 너도나도 아이들을 해외로 보냈지만, 그 효과는 미미하다. 오히려 너무 어린 나이에 부모와 떨어져 지냄으로써 정서 불안과 유해환경 노출 등 역효과가 난 경우도 많다.

　이제는 내 인생의 아름다운 순간을 만드는 여행을 해야 한다. 여행 중에 감동적인 순간을 만날 때 자기 교육이 된다. 내가 감동을 받았을 때 아이에게도 감동을 전해줄 수 있다. 삭막한 나의 내면을 서번트 투어를 통해 아름답게 바꿀 수 있는 것이다. 인문학 교육을 하는 사람이라면 아이와 여행하면서 그저 놀기만 할 수는 없다. 의미도 찾아야 한다. 물론 즐기는 여행도 필요하지만, 그보다는 서번트 투어를 통해 감동적인 순간을 더 많이 만날 수 있다는 것을 잊지 말아야 한다.

우리나라 사람들이 평균적으로 일 년에 333잔의 커피를 마신다고 한다. 우리가 분위기 잡으며 마시는 커피 한잔 속에는 커피콩을 따는 아이들의 땀과 눈물이 배어 있다. 내 인생에 한 번 정도는 이 아이들을 만나 손잡아주고 희망을 말하는 순간이 있어야 하지 않을까? 또 한 번쯤은 이 시대에 학대받는 아이들을 만나 그들의 아픔에 마음을 쏟아야 하지 않을까? 부모가 이런 경험을 가지고 있으면 아이에게 전해줄 수 있고 봉사와 서번트 투어가 가족의 문화로 자리 잡을 수 있다. 나의 문화가 그대로 아이에게 전달되는 것이다.

'어려움에 처한 타인을 돕지 않는 자는 절대로 스스로를 도울 수 없다.'

내가 만든 결론이자 구호이다. 나누지 않는 사람은 성공하지 못하고 성공해도 오래지 않아 다시 실패하고 만다. 그래서 나눔이 중요하다.

인문학은 사랑이다. 서로 사랑하기 위해 하는 것이다. 방에 들어앉아 인문고전만 읽으면 곤란하다. 나의 인문학이 내 삶에 혁명적인 변화를 가져다주었던 것은 단순히 인문고전만 열심히 읽었기 때문이 아니다.

교사로 근무했을 당시 아이들의 인권을 지키고자 학교와 투쟁하고 교실을 상담실로 만들었던 인문학적 실천, 어려운 사람을 돕고 그들에게 물질과 시간을 나누는 인문학적 실천으로 살았기 때문이다. 베스트셀러 작가가 되어서도 마찬가지다. 저소득층 공부방 봉사활동과 교사 교육, 해외 빈민촌 아이들을 일대일로 후원하고 학교를 지어주는 프로젝트 등을 실천했기 때문이라고 생각한다.

우리나라 사람들은 유치원부터 대학교까지 획일적이고 기계적인 '교육'이라는 틀에서 마치 붕어빵처럼 찍혀 나온다. 붕어빵 교육의 핵심은 '나만 잘사는 것'이다. 사실 기부나 봉사는 인간이 당연히 해야 할 일이지 선한 사람만 하는 고매한 일이 아니다. 그런데 우리는 기부나 봉사를 열심히 하는 사람을 '천사'라 이야기한다. 왜 그럴까? 기부나 봉사 같은 것은 내가 잘 먹고 잘산 다음에 하는 것이라는 인식이 있기 때문이다. 한마디로 일단 나부터 살고 보자는 건데 이런 사회에는 희망이 없다. 왜 이런 식의 이상한 논리가 나왔을까 생각해 보니 우리의 교육에서 비롯된 것이었다.

우리나라 부모들은 대부분 아이에게 "일단 대학부터 가고 뭐든 하라"고 이야기한다. 입시보다 중요한 것이 나보다 어려운 사람들을 돕는 마음과 실천인데 그것을 나중으로 미루는 것이다. 어릴 때부터 이런 교육을 받다 보니 세뇌가 되어 인생에서 가장 중요한 것들을 자꾸 나중으로 미루는 습관을 갖게 된다. 인간답게 사는 것에 항상 취적한 뒤에,

승진한 뒤에, 결혼한 뒤에, 돈을 많이 번 뒤에 등의 조건을 붙이고 인생의 우선순위에서 아래쪽에 놓는다. 그 결과 평생 기득권층이 만들어놓은 시스템의 노예로 살게 된다. 그래서 인간이 인간답게 사는 사회를 만들기 위해 교육을 바꿔야 하고, 어렸을 때부터 나눔을 실천하는 문화를 만들어야 한다.

나는 여러분께 묻고 싶다. 도대체 언제까지 망설일 생각이냐고. 도대체 언제까지 미루기만 할 거냐고. 삶의 혁명적인 변화는 오직 실천으로 이루어진다. 당신에게 삶을 변화시키고자 하는 의지가 있다면, 그런데 그 의지가 자꾸만 나약해진다면, 『논어』에서 말하는 '붕朋', 즉 '삶의 목적을 함께하는 진정한 친구'와 좋은 멘토를 찾고 만나라. 인문 교육 봉사활동에 지원하고, 해외 빈민촌에 학교를 짓는 프로젝트에 참여하라. 그리고 서양 최고의 인문 교육 프로그램인 그랜드 투어보다 더 위대한 인문 교육 프로그램인 서번트 투어에 참여하길 권한다.

미래의 부$_{富}$를 추구하라

성공

　인문학 강의를 하다 보면, 특히 인문학 교육에 관해 이야기하면 이런 질문을 많이 받는다.
　"작가님, 다 좋은데요. 인문학 교육하다가 우리 아이가 대학 못 가고 가난하게 살면 어떻게 해요?"
　질문자의 마음은 충분히 이해가 된다. 일제강점기부터 이어져 온 우리의 교육 시스템으로는 인문학 교육은 무리라 생각하는 사람들이 많다. "지금과 같은 입시제도 아래에서 인문학 교육을 한다는 것은 대학을 포기하는 것 아니냐"는 의견들도 이해할 수 있다. 인문학이 취직이 안 되는 대표적인 전공으로 낙인 찍혀 있는 사회적 풍토에서 인문학을 이야기하는 것 자체가 '부$_{富}$'와 멀어지는 것 아닌가 하는 느낌을 받을 수 있다. 당연히 그럴 수 있다. 하지만 다 맞는 말은 아니다.

인문학을 하면 가난해진다는 것은 틀린 말이다. 소크라테스는 아테네 시민사회에서 노예를 두고 살았다. 당시 공자의 지위는 요즘으로 치면 하버드대 총장 정도였다. 맹자에게는 28년 동안 7000명을 먹일 수 있는 금이 있었다. 고대로부터 인문학을 한 사람들은 모두 부자였다. 물론 예외는 있다. 장자 같은 철학자는 가난하게 살았는데 그것은 자신이 선택한 길이었다. 부자로 살 수 있었지만 그런 삶을 선택하지 않았을 뿐이다. 장자는 가난하게 살았지만 왕과 귀족들이 찾아와 그에게 지혜를 구했다.

요즘도 마찬가지다. 기업은 인문학적 소양을 갖춘 인재들이 절실히 필요하다. 이미 스티브 잡스가 "인문학과 과학기술의 교차점에서 탄생한 것이 애플"이라고 고백했고, 삼성은 인문학적 소양을 갖춘 경영진이 TV 혁명을 일으켰다. 모기룡이 쓴 『왜 일류의 기업들은 인문학에 주목하는가』에 보면 삼성이 TV를 개발할 때 '인간 중심의 관점'에서 접근해 성공한 사례가 나온다.

2000년대 중반, 텔레비전 시장이 한창 과열되어 있을 때, 삼성의 고위 경영진들은 '왜 우리 제품이 인정받지 못하는가?'에 대해 깊은 고민에 빠졌다. 당시 삼성의 텔레비전은 경쟁사들의 제품과 비교해 기술력이나 외관이 비슷한 수준이었고, 기술 개발자들은 어떻게 하면 더 좋은 기술을 시장에 선보일까만 고민하고 있었다. 하지만 소비자들은 무차별적인 기술 퍼레이드에 싫증을 느끼고 있었고 더 좋은 기능에 대한 필요성도 크게 절감하지 못했다. 삼성의 경영진들은 문제를 다시 생각해보기로 했다. 그들은 '텔레비전을 어떻게 하면 더 많이 팔까?'에서 '가정에서 텔레비전이란 무엇일까?'를 고민하기 시작한 것이다.

삼성에서는 인문과학 분야의 전문가들을 팀으로 구성하여, 소비자를 관찰하도록 했다. 그리하여 사람들은 텔레비전을 거실에 두고, 이를 구매하는 주체는 여성이며, 여성들은 텔레비전의 외관에 불만이 많다는 사실을 알아냈다. (…) 이에 경영진들은 가구 디자인의 최고라 불리는 북유럽에 가서 직접 장인들에게 강좌를 들었으며, 텔레비전이 주는 기술적 이미지를 최대한 부드럽고 은은하게 만들고자 노력했다. 그렇게 삼성의 기술과 소비자(사람)에 대한 이해가 결합하면서 텔레비전의 새로운 모델이 탄생했다. 이러한 관점의 전환으로 삼성은 5년 뒤 시장 점유율을 두 배 이상 증가시킬 수 있었다.

여기에서 주의해야 할 것이 있다. 인문학이 '부'를 창조한다는 것은 맞지만, 부자가 되기 위해 인문학을 해서는 안 된다. 이것은 주객이 전도되는 일이다. 우리나라에서 인문학 열풍이 처음 시작된 곳은 대기업이다. 우리나라 대기업들은, 아니 더 정확히 말하면 대기업 CEO들은 스티브 잡스처럼 큰돈을 벌고 싶었기 때문에 인문학을 공부하기 시작했다. 잡스처럼 컴퓨터 산업에 혁명을 일으키고 새로운 문화를 만들고 싶어서가 아니라, 잡스처럼 돈을 벌고 싶어서 인문학을 시작한 것이다.

그런데 우리나라 대기업들은 아직도 잡스의 인문학이 무엇인지 잘 모르고 있다. 그뿐만 아니라 잡스가 말한 과학기술이 뭔지도 잘 모르고 있고 인문학과 과학기술의 결합이 무엇인지도 잘 모르고 있다. 한마디로 잡스의 본질에는 별 관심이 없고 잡스의 껍질만 열심히 추구하는 인문학, 그것이 우리나라 기업의 인문학인 것이다. 내용을 잘 몰라도 부하 직원들이 만들어준 스티브 잡스식의 PT만 잘하면 경영자에게 인정받는 대기업 체제, 잡스가 말한 '인문학과 과학기술의 결합'이 뭔지 전혀 몰라도 '잡스'와 '인문학'만 들먹이면 앞서가는 사람으로 대우받는 사회 분위기가 인문학의 본질을 왜곡시키고 있다.

본질을 추구하는 인문학을 하면 '부'가 자연스럽게 따라온다. 그런데 우리는 본질을 추구하는 인문학을 하고 있지 못하다. 대기업 인사담당자들은 "우리나라 인문학 전공자들은 인문학을 주입식으로 배운 사람들이기 때문에 생각하는 것이 단편적"이라고 이야기한다. 서양의 인문학 전공자들은 창의력이 뛰어난데 우리나라 사람들은 그렇지 못하다는 것이다. 그래서 우리나라 대기업에서는 '컴퓨터 능력과 인문학적 소양을 갖춘 인재'를 선호하게 되었다.

세계 최고의 '부'는 인문학이 갖고 있다. '생각하는 인문학'을 한 사람들에게 해당하는 이야기이다. 앞으로는 인간을 감동하게 하는 제품만 살아남게 된다. 그럴수록 인문학의 가치는 더욱 높아진다. 본질을 추구하며 '생각하는 인문학'을 한 사람들은 회사에 들어가 히트작을

낼 것이고, 공무원이 되면 나라를 살리고 국민을 위하는 정책을 마련해 실천할 것이다. 그러면 우리 경제는 더 부강해지고 복지사회로 발전하게 된다.

부모 세대들이 성장한 1980~1990년대는 제품을 많이 파는 사람이 부자가 되었다. 우리 아이들이 살아갈 21세기는 인간과 환경을 생각하는 사람이 부자가 된다. 환경친화적인 제품을 만들어내는 기업, '부'를 잘 분배하는 사람이 존경받는 시대가 열리고 있다. 1980~1990년대 관점으로 아이들이 만나는 미래를 판단하고 교육한다면 아이들이 어른이 되었을 때 변화된 세상에 적응하기 힘들 것이다. 하지만 글로벌한 미래를 내다보고 인문학 교육을 실천한다면 아이들은 제대로 성장해 미래 사회에서 큰 역할을 하고, 부와 명예도 가지게 될 것이다. 이것이 내가 인문학이 현재의 '부'이자 미래의 '부'라고 하는 이유다.

에필로그

우리 모두의 삶을 위하여

 이 책은 아이를 행복하게 하고 성공적인 삶을 살게 하는 새로운 교육법을 찾는 부모를 위해 기획된 자녀교육서이지만, 그 이면에는 부모의 자기계발을 위한 내용이 담겨 있다. 어찌 보면 '부모를 위한 자기계발서'가 이 책의 정확한 콘셉트라 할 수 있다. 아이가 행복하기 위해서는 부모가 행복해야 하고, 아이를 성공시키기 위해서는 부모가 성공한 삶을 살아야 하기 때문이다. 그래서 자녀 교육 이전에 부모의 자기계발이 있어야 한다.

 우리나라 많은 부모가 가지고 있는 고정관념, 즉 '우리나라에서 성공하기 위해서는 사교육을 열심히 받고 좋은 대학에 들어가야 한다'는 생각을 깨지 않고서는 인문학 교육을 할 수 없다. 모두 한곳을 향해 정신없이 달려가는 현행 교육 시스템에서 벗어나 자신만의 길을 추구하는 것은 대단한 용기가 있어야 하는 일이지만, 그 길이 옳다면 내 아이를 위해 과감한 선택을 해야 한다. 그렇게 하기 위해서는 부모 자신의 변화가 필수적이다.

아마 내가 인문학을 하지 않았다면 내 아이 역시 현행 교육 시스템에 맞춰 열심히 키우지 않을까 싶다. 특히나 중고등학교 때 공부를 못하고 명문 대학을 나오지 않은 나의 입장에서 '자식만은 좋은 대학 보내겠다'는 일념으로 누구보다 열심히 사교육을 할 것이다. '눈에 넣어도 아프지 않다'는 표현이 있을 정도로 애지중지하는 자식인데 다른 부모들처럼 얼마나 열심히 뒷바라지하겠는가. 하지만 인문학을 하니 이 사회의 잘못된 점, 교육제도의 모순이 보이기 시작했다. 얼마나 많은 아이가 얼토당토않은 교육 시스템에 희생되고 있는지, 그 희생이 우리 사회를 얼마나 병들게 하고 있는지, 부모와 자식 관계를 얼마나 망가뜨리고 있는지 알게 되었다. 그렇기 때문에 남들이 보기에는 무모하다고 할 수 있는 주장들을 계속하고 있는 것이다.

인문학을 공부하면 자존감이 높아진다. 높아진 자존감은 신념을 지니게 하고 이 신념은 자신이 옳다고 생각하는 것을 실천하게 한다. 내가 인문학을 했기 때문에 자존감이 높아지고, 높아진 자존감을 바탕으로 신념을 지니고 인문학 교육법을 주장하게 된 것이다. 그래서 나는 아이 교육에 앞서 부모가 먼저 인문학 공부를 하시라 간곡하게 말씀드리고 싶다. 인문학을 통해 자존감을 키우게 되면 옆집 엄마의 말에 휘둘리지 않고, 아이 성적에 일희일비하지 않게 된다. 옆집 엄마와 아이

성적으로 경쟁하는 것이 아니라 인간적인 삶, 행복한 삶으로 경쟁하게 된다. 과거와 현재를 돌아보고 미래를 만들어가는 과정을 가장 잘 도와주는 것이 바로 인문학이다.

한 번뿐인 인생을 잘 살기 위해서는 인문학이 필요하다. 인문학을 하는 순간만큼은 나 자신에게 집중하기를 권한다. 비록 아이 교육을 위해 어쩔 수 없이 인문학책을 손에 잡았다 하더라도 그 책을 읽는 순간만큼은 나 자신과의 대화에 심취해야 한다. 작가의 견해에 어떤 생각이 드는지, 나는 왜 그런 생각을 하게 되는지, 앞으로 어떻게 살아야 하는지 등 책을 읽으며 떠오르는 내 생각 내 느낌에 집중해야 한다. 그러다 보면 어느 순간 깜깜한 동굴 속에서 한 줄기 빛을 발견하듯, 내 머릿속에서도 빛이 발생한다. 나는 그 순간을 '두뇌가 열리는 순간'이라 표현하곤 한다.

'두뇌가 열리는 순간'의 기쁨은 그 무엇과도 바꿀 수 없다. 돈과 명예……, 그동안 사회 분위기에 떠밀려 어쩔 수 없이 추구했던 것들의 의미를 새롭게 파악하게 되고, 더는 그것에 끌려가지 않고 내 인생의 주인이 된다. 새로운 시각으로 내 인생을 바라보게 되고 인생의 아름다움, 행복에 눈뜨게 된다. 내 인생이 아름다워지고 풍부해지는 것이다. 이럴 때 아이의 인생 역시 아름다워지고 풍부해진다.

이런 기쁨을 경험하고 나면 더욱더 인문고전에 빠지게 되고, 아이에게도 이 기쁨을 전해주기 위해 애쓰게 된다. 아이와 함께 문학작품 속에서 괴테를 만나고, 미술관에서 고흐를 만난 후 숲길을 걸으며 이야기를 나누면 행복하지 않겠는가. 시험에서 100점 맞는 것보다 더 큰 기쁨을 부모와 아이가 함께 누릴 수 있으리라 확신한다.

나는 올해 드디어 아빠가 되었다. 딸아이는 정말 '눈에 넣어도 아프지 않다'는 말이 실감이 날 정도로 예쁘고 사랑스럽다. 한편으로는 어깨가 무거워짐을 느낀다. '잘 키워야 한다'는 책임감과 함께 '이 아이가 커나갈 세상을 아름답게 만들고 싶다'는 소망이 더 간절해졌다. 이 책을 쓰면서도 내내 딸아이를 떠올렸다. 내 아이가 받을 교육, 그리고 우리나라 아이들이 받을 교육이 어떤 모습이어야 하는지 고민하며 책을 써나갔다.

이제는 부모들이 나서서 교육을 바꾸어야 할 때이다. 언제까지 일제의 식민교육, 공장 노동자를 양성하기 위한 미국의 공립교육, 친일파의 우민화 교육, 군사정권의 독재교육을 내 아이에게 시킬 것인가. 아이의 행복을 위해서 교육의 패러다임을 바꾸고, 인문학을 바탕으로 진짜 교육을 시작해야 한다. 한 사람 한 사람의 힘은 미약하지만, 이 힘이 모이면 거대한 물결을 만들 수 있다. 더는 "사회 분위기가 안 된다" "교육은 바꾸기 힘들다"라고 불평하지 말고 나부터 먼저 나서야 한다. 혼자 하기 힘들면 차이에듀케이션에서 함께 만들어가면 된다.

현행 교육을 비판하면서도 그 교육을 어쩔 수 없이 따르게 되는 현실을 더는 내버려둬서는 안 된다. 내 아이의 미래, 우리 사회의 미래를 더욱 행복하게 만들어야 하기 때문이다.

이 책은 작년 9월에 차이에듀케이션에서 열린 '이지성의 인문학 교육법' 특강을 정리한 것이다. 전체적인 강의 내용 정리는 이 방면의 전문가인 이승민 작가가 해주었다. 세부적인 구성과 내용 정리는 생각정원의 강소영 팀장이 맡아주었다. 두 분께 감사의 마음을 전한다. 생각정원 박재호 대표님에게도 감사의 마음을 전하고 싶다. 박 대표님의 강력한 의지가 없었다면 이 책은 세상에 나올 수 없었을 것이다. 강의를 진행하고 책을 만드는 내내 곁에서 뜨거운 지지와 성원을 보내준 아내 차유람에게 특별한 감사의 마음을 전하고 싶다. 아내 덕분에 이 책은 완벽해질 수 있었다.

내 아이를 위한 인문학 교육법
부모가 물려줄 수 있는 가장 위대한 유산

초판 1쇄 발행 2016년 7월 4일
초판 6쇄 발행 2016년 12월 16일

지은이 | 이지성
발행인 | 박재호
편집 | 강소영, 홍다휘
마케팅 | 김용범
관리 | 김명숙
종이 | 세종페이퍼
인쇄·제본 | 한영문화사
출력 | ㈜상지피앤아이

발행처 | 차이정원
출판신고 | 제 2016-000043호(2016년 2월 16일)
주소 | 서울시 마포구 양화로 156(동교동) LG팰리스 814호
전화 | 02-334-7932 팩스 | 02-334-7933
전자우편 | pjh7936@hanmail.net

ⓒ 이지성 2016

ISBN 979-11-85035-49-9 13590

이 도서의 국립중앙도서관 출판시도서목록(CIP)은 서지정보유통지원시스템 홈페이지(http://seoji.nl.go.kr)와 국가자료공동목록시스템(http://www.nl.go.kr/kolisnet)에서 이용하실 수 있습니다.(CIP제어번호: 2016014797)

- 이 책은 저작권법에 따라 보호받는 저작물이므로 무단 전재와 복제를 금지합니다.
  책의 일부 또는 전부를 이용하려면 저작권자와 생각정원의 동의를 받아야 합니다.
- 잘못된 책은 구입하신 곳에서 바꿔드리며, 책값은 뒤표지에 있습니다.

만든 사람들
책임편집 | 강소영
원고정리 | 이승민
디자인 | 이석운, 김미연
일러스트 | 최광렬